丁卯诘

创业十日谈

找对十个阶段的合伙人

丁邱洁　曾应云　刘锦涓　等 / 著

法律出版社
LAW PRESS · CHINA
北京

图书在版编目(CIP)数据

创业十日谈：找对十个阶段的合伙人 / 丁邱洁等著. -- 北京：法律出版社，2022(2022.10 重印)
ISBN 978 - 7 - 5197 - 6997 - 0

Ⅰ.①创… Ⅱ.①丁… Ⅲ.①创业－研究 Ⅳ.①F241.4

中国版本图书馆 CIP 数据核字(2022)第 151473 号

创业十日谈：找对十个阶段的合伙人
CHUANGYE SHIRI TAN：ZHAODUI SHIGE JIEDUAN DE HEHUOREN

丁邱洁
曾应云　等著
刘锦涓

策划编辑　朱海波
责任编辑　朱海波
装帧设计　鲍龙卉

出版发行　法律出版社
编辑统筹　法律应用出版分社
责任校对　邢艳萍
责任印制　刘晓伟
经　　销　新华书店

开本　A5
印张　10.75　　**字数**　150 千
版本　2022 年 9 月第 1 版
印次　2022 年 10 月第 2 次印刷
印刷　北京中科印刷有限公司

地址：北京市丰台区莲花池西里 7 号(100073)
网址：www.lawpress.com.cn
投稿邮箱：info@lawpress.com.cn
举报盗版邮箱：jbwq@lawpress.com.cn
销售电话：010 - 83938349
客服电话：010 - 83938350
咨询电话：010 - 63939796

书号：ISBN 978 - 7 - 5197 - 6997 - 0　　**定价**：68.00 元
凡购买本社图书，如有印装错误，我社负责退换。电话：010 - 83938349

方家推荐

我有许多创业者朋友，大家偶尔聊起创业过程中遇到的问题，发现有个共同点：踩坑无数。

看多了坑，掉多了坑后，每当朋友想创业征求我意见，我往往会告诉他：创业者的抉择，在想象中，发生在好与坏之间。实际上更多的，是在坏与坏之间做决策——当遇到问题，试图解决问题时，可能有几条路，每一条都会面临不同程度的损失。创业者必须决定，通过哪条路解决问题，同时接受可能面临的伤害。

大多数想创业的朋友，都没被劝退。毕竟做一家自己的公司，组织一支能战斗的团队，打磨一款让用户心动的作品，在这个过程中品尝喜悦，是值得追逐的。

想做一件事，但这件事很难的时候，一个好办法是多看前人经验。

本书从公司创建伊始的治理结构、章程协议开始，到股权激励、融资、税筹、财务、风控，再到并购重组、上市，创业中的各个过程中常见的风险，在书中多能找到线索。创业者或可以此为认知起点，进一步学习。毕竟想不掉坑，得先看见坑在哪里。

创业过程中让我特别开心与满足的是，通过我们的产品“知识星球”，我有幸认识了许许多多优秀的人，其中就有丁律师。我惊讶于她的充沛的精力和饱满的热情——她可以在日常繁忙的法律事务之外，通过直播与用户沟通、在社群里讨论并解决大家的问题，甚至还积累了这样一本专门写给创业者的书籍。

自己的作品有人喜欢，或许是给创业者最好的回报。预祝这本书能让创业者们喜欢。

吴鲁加·知识星球创始人

自 序 一

凌晨四五点，扫帚声声，父亲起身进货。大约一个小时后，拂晓初生，雾气沉沉，母亲开门摆摊。六七点的集市，最是人声鼎沸。小商小贩的一天，氤氲开来。我的父亲母亲，一年三百六十天，二十年如一日，起早贪黑，凭着吃苦耐劳，养大两个女儿，完成了一个家庭从农村向城市的迁徙。

我从小浸泡在生意场，看惯草根营生，深感创业艰辛。每到假期，骑单车给母亲送午饭，下午人少，我帮着守摊，母亲眯着睡一会儿。零零散散的练摊生涯里，我逐渐对经营与商业有了感觉——几时人流最多，怎样报价，三五成群来了人怎么把人都留住，这大概是我的早期商业洞察。集市见证了父母的衰老与青年的长成。

时光荏苒，丁家有女初长成。大学毕业后，我南下深圳，才做了一年多外贸业务，便遇到相伴六年多的企业，23 岁被任命为董事长助理，走上了经营管理之路，士为知己者追随与奔命，我们消耗热情，历经企业从百人到千人、从小企业到集团公司。民营科技企业从消费转型工业，九死一生，诱惑有多大，坑有多大，还好，最终存活下来，坚韧生长。我与企业的七年之痒终究到来，虽最终选择离开，但沉浸创业与企业的点滴，汇聚成海，塑造了我的商业认知与实战准则——纾困企业之难与经营之苦，更务实更接地气，才能有效、见效、奇效。扎根深圳的 12 年见证创业维艰与青年破茧成蝶。

再启程，我想做天使投资人，考了不少资格证书，准备大干一场，却遇上金融危机。兼顾家业与职业，我最终选择成为法律人。说是不得不，倒也是顺势而为，多年管理集团法务与品宣的经历，早已为我的职业生涯埋下伏笔。中年转型，如何追赶、弯道超车？答案只有——用互联网。互联网的快速迭代与生生不息，让我得以用更短的时间、更高效的路径触达企业的业务本质、纠问创业的商业模式。结合专长，以规则与规制视角，重新理解创业与企业。刚巧，遇上贵人冯大辉、吴鲁加、曹政、亦仁、杨涛等互联网创业者，遇到“知识星球”这个平台。追随这群人的智慧与见识，透过他们的产品与社群，我们接触海量创业者，研究各行各业大大小小的创业案例，学会用实战整合法律财税与创业、用接地气的法律财税赋能企业。互联网冷眼旁观，见证“丁邱洁法财税人团队”的成型，我和团队逐步打通为企业赋能的任督二脉。

这是一本工具书，结合我们团队平均8年+的企业经历，试图为创业者量身定制，实践“为企业避险省钱、降本增效、精益经营、提升估值”。让准备创业的人有预判、让投身创业的人有认知、让资深创业者能加速、让创业失败者会复盘。无论是哪类人群，这都是一本拿来就能用的书，它清晰地列示：企业不同发展阶段需要怎样的人、哪些人是真合伙人、合伙人应做好哪些事儿、应如何用好合伙人等。

我们希望，借由这本书，实现“让企业从初创到健壮”的基本目标，如果能为企业发展充当加速器，更是求之不得。我们也希望，对是否创业摇摆不定的预备军、对老板的心态与思维无法把握的打工人，也来读这本书，预备军可以理性决策是否冒险投身创业，打工人可以借由本书拓展智识、实现个人职业发展与飞跃。我们还希望，普罗大众，无问创业与否，了解更多常识，丰盈内心，为成长蓄水储能。

阅读这本书，最好的方式是从第一章“顶层架构”开始。当你建立企业治理框架后，从第二章到第九章，可以根据兴趣或需要任选一章，这八章依次为“创始合伙、战略融资、股权激励、产业并购、发票合规、财务内控、税务筹划、刑事合规”，涵盖了企业初创期、成长期、成熟期必备常识和解决方案。若书是花果园，怀着农夫心态，多逛逛，你会发现不少宝藏果子。当然，如果你与我一样，喜欢追看电视剧的最后一集，迫不及待想解开第十章谜底，直接跳到结尾，看看“上市融资”究竟是怎么一回事。

虽已尽可能写白话，我们的这本书仍难免晦涩。感谢法律出版社的包容，让我们可以尽兴创作、又不过分天马行空，始终紧扣“易上手、够实用、接地气”。作为一名写作者，我很感谢编辑朱海波老师，他的包容与专业使我们获益良多。感谢为本书出版付出极多努力、反复打磨的出版社全体成员。

一个人的成长是一群人的成全。感谢我任职过的公司与遇见的每个人，你们教会我成长，塑造了如今的我。感恩我的创业者朋友们，你们如此卓越与优秀，以至于我不得不加速我的迭代，以适应你们的飞速成长。

感谢数次拯救我于风暴的朱陈彪，帮我坚定做什么产品、怎样做产品、如何厘清信心；感谢郭磊，向我展示如何穿越创业周期、执行战略选择；感谢王晓明，托付全部的信任，凡事与我商量；感谢黄欢，让我看到女性创业者的真我底色；感谢刘磊，身体力行做出更高维度产品，让我更懂应用互联网；感谢高欣和王嘉裕，让我有了创作与制作的灵感与灵魂；感谢谢溢锋，让我忆实体之苦，你的坚守是实业闪亮之光；感谢蓝翔，你的乐观与幽默，是无数小微创业者熬过早期创业的居家旅行必备良品；感谢刘源，六十岁衣食无忧，仍坚定投身创业、激励后辈。感谢迪比科和曾金辉、杨德新、吴红基、曾应云、吴建刚、邹勇美、李锐等，让我守住自我、遇见职业专长之路。感谢辰海云和高峰、车亮、王永超、刘龙，选择我成就我、造梦星辰大海。

最后，我想感谢我的家人、我的团队，你们的鼎力支持与全力以赴，让这本书得以顺利出版，让“云上律师”“云上财税”成为可能、成为品牌。特别鸣谢深圳市律师协会、刘鸿，广东省律师协会，深圳工业总会、李劲、杨元武，北京市京都（深圳）律师事务所、侯志纯、高晓杰、刘汪韬等；感谢武汉工程科技学院、冯光华、胡晶晶、姚莹莹、张杰、陈杨、陈斯、陈玉洁；感谢中央财经大学、李国平、于爱芝、赵璐、杜文晖、文飞；感谢广西师范大学、陈宗波、胡余嘉、肖玉红；感谢冯大辉、邱岳、曹政、吴鲁加、刘容、温星星、梅亮亮、孔聪、无名建筑、高少星、郑昕；感谢优贝科技、邮差小马、火呗传媒、尤力克电商、特力新能源、胜伟鑫科技、引量传媒、青灰科技；感谢王海成、赵昕、钟雅茜、姚益林、缪育家、谢春权、李乐恒、房崇佳、杨贤清、吴迪、文鹏山、甘家嘉、张琴、祝远波、马小龙、管锥、高常鹏、张红、郝香舒、王显贺、彭伟群、夏晶、夏莹、凌菡、迟文兴、肖尧、张国兴、石振峰、陈玉皎、李国兴、李强、李毓超、骆佐腾、邝颖晶、叶小楷、王路、张秋兴、张岳、王振亚、薛层、顾津豪、刘鑫、付国辉等；感谢唐梦、红忠哥、田济成、伊蓬宇、叶岱昆、胡建林、崔晶晶、黄国书、姚成功、张震宇、陈希、梁珊珊、孙辉、简端良等。

丁邱洁

2022 年 7 月于深圳 / 武汉

自序二

我始终认为，书籍是赐予法律人最好的礼物；但我从未想过，有朝一日我自己也有从读书到写书并付梓出版的一天。

2014 年我硕士毕业，加入一家科技制造类公司担任法务，自此便开启了我法律职业生涯的第一站。随着所涉业务领域的不断变化与发展，在职业过程中也不断遇到各种层出不穷、稀奇古怪的问题，让我也一度对法律职业的价值产生困惑。我们正在经历的这个时代，新的现象和法律问题几乎每天都在发生、翻新和变幻。

所幸，虽彷徨困惑，但从未停下脚步。我从专注企业的基础业务合规经营，逐条审核交易合同的每一个条款，到主导企业内控流程设计，全面管控业务发展风险，让自己对交易与风险管控的认知不断加深；从关注基础业务，到投融资、战略规划、顶层架构设计，让自己看待问题的视野更开阔；从低头深耕法务这“一亩三分地”，到抬头提升要懂产品、营销和运营的认知，让自己思考问题的角度更多样化。也因此，在法律思维之外，逐渐形成商业认知，深感企业发展九死一生的不容易。

和团队一起创作之初，正值我休产假“赋闲”在家。第一次当妈妈，难免手忙脚乱，然而新生命的到来，却也带来无限惊喜。战战兢兢地当着新手妈妈，感受着初为人母的喜悦，也感受着自己心态变得更包容、更愿意分享。因为休产假的契机，可以让自己有时间静下来总结过去所见、所思、所感。起初，只是为了通过平台与大家进行一些交流，和圈友分享自己的经验，也让自己通过总结提升。意料之外，得到大家的认可与赏识。大家的需求，引导我们完成整这本书一系列的创作，以为读者提供一些思索的方向，或是法律的，或是商业的。

得到法律出版社的认可，作为作者，我欣喜万分。也非常感谢为本书的出版付出极大努力的编辑及其他全体成员。感谢我的团队，不停地给我提供资源和支撑，让我不断丰富自己。感谢我的家人，一直无条件支持我，让我可以安心创作。

感谢我过往职业中遇到的每一个平台、每一个人，是你们让我变成更好的自己。

新时代的法律人，需要不断积累并为这个社会构筑起清晰、坚固的底层规范，这是我们的责任和担当，是独属于这份职业的荣耀和使命。与之相比更重要的是，无论是新时代的法律人、企业人甚或至于每一个人，我们更希望在不远的未来，我们所设想、所勾勒、所构建的每一寸规范，都能进一步融入社会与生活，最终如同我们所熟悉和适应的空气，无色、无形却又无所不在。

囿于能力有限，本书所写难免挂一漏万或偏处一隅，以致有所疏漏或错误，因此，我更希望将本书视为一个交流的工具，欢迎您提出宝贵的意见或批评，也期待您有所获益。

是为序。

刘锦涓

2022 年 7 月于武汉

推荐序一

关于创业，不同的人会下不同的定义。

有人觉得创业是好点子的试金石，有人觉得创业是苦尽甘来的修行，有人觉得创业是一场豪赌，也有人觉得创业是确定性的放大器。

无论如何定义创业，我们都不能否认，创业是一场运行在规则之内的无限游戏。而这套规则，就是资源、法制、金融、道德、文化等框架所组成的社会。

为此，我们不仅要寻找到合适的商业模式、在有限资源下将其搭建并运行，还要考虑运行过程中是否符合规则，判断客户、合作方、团队、投资人、股东等角色的信息、钱款、生产资料、权利、责任等是否存在漏洞，思考这套模式的天花板在哪里……

在这之中，每一件事都无比琐碎；很多优秀的创业者没有被市场打败、也没有被合作方打败，而被一点点机制上的疏忽而打败。

章程、法务、资质、股权、税务、融资、债务、估值、并购、上市……似乎没有一个词和商业模式直接相关，但却是所有创业者都需要的认知。

可事实上，几乎不会有任何一位创业者，为了创办一家公司，将所有相关法律法规、案件个例全部涉猎，甚至绝大部分创业者直接忽略这些，“先干起来”。

合伙人谈判破裂，供应商撕毁合约，财务疏漏导致业务出现连锁反应，资产管理不善耽误重要的融资节点……每一件事听起来都很遥远，但只要是在创业路上，总会有类似的事情发生，如一场突如其来的暴风雨，袭过精心栽培的业务，留下一片狼藉。

曾经我也一直认为行动是创业第一要务，直到自己真正在一些事情上吃到苦头。不得不承认，即便是无法做到专业，了解足够多的法律常识，也依然意义巨大。

丁律师是我和很多朋友公认的一位专业律师，尤其在创业领域，拥有大量实践经验，她和团队也是我们创业路上很好的顾问。

即便是考虑到阅读体验，她们在本书中所分享的内容，也几乎覆盖创业相关的所有大课题，足够让 0~10 年经验的创业者，让我们在读后拥有相对全面的法律判断能力。至少，能让我们不在创业过程中犯大忌，“拍脑袋决策，拍大腿后悔”——我想，每一位朋友都能举出不少案例。在我所经营的社群中，有 30000+ 位创业者，大家都很难说自己没经历过这种时刻。

于我而言，创业像是一种生活方式，一种能让我持续遇到问题、解决问题、创造一点能够被别人喜欢的东西的人生体验。从大学期间，就开始马不停蹄地发现、验证、运行、推翻、再发现，完整经历了每一轮周期，包括现在也是。

与本书中提到的这些概念与常识打交道，规避风险、做足规划，亦是创业这种生活方式的一部分。

无论你已经在创业路上，或是已做好准备开启自己的第一次创业体验、成为“我们这群创业者”的一分子，都希望你能和我们一起，在更加理解业务的过程中，也更加能够拿起金融和法律的矛与盾，更好地让每一个商业思考落地。

感谢丁律师团队，愿意使用更通俗的方式，将这些晦涩的概念结合实际场景分享出来。祝每一位读者行稳致远，共勉。

亦仁·生财有术创始人

本书的出版，受益于亦仁和他的社群成员，以下致谢排名不分先后，且未完全列举，感谢30000+创业者为本书赋能。感谢顾小北、南帆、多卖三倍弗兰克、滕滕、刘小排、狗哥、金佳丽、旺小哥、张家源、都立朋、咕咕、Sky老思、孙策、大苏、小金、顾及余、点今、廖茂文、守一、王浩宇、陈雪、小志、兽医、Yumi、吴火火、Kedy、张赛锋、钱衍佳、左叶子、奶茶、vincent、祁莉、郑静、焦波、胡良涛、唐程、马小威、王松、爱华、冰和设计、吴熳、吴晗、张张Zhangz、晋兆睿、柏兵、刘驴、闫思敏、杜雅楠、隆哥、虫二、张望、路飞TD、长庚、李华栋、阡墨、黄小威、黎小喵、半生少年、禾木、博洋、大霖、南湖、余长盈、陈焘、钟强、郭晓文、蓝衣、唐应群、夏冰雹、小池、一、陈强、冯妮儿、文林、学长刚蝈、小建、世荣、阿冠、Finley、船长、Lucky、沙拉、半夏、康康、阳思、老黄牛、周蜀成、陈正义、张五哥、钱钰、啊星、胖叔、张顺、老胡、胭脂王、Moni、黄刚、窦晨铭等。

感谢杨涛的卷卷厂，龙卷的卷，光合，希希，段段，三笙，晓群，大周，张静伟，梁靠谱，沐文，枸杞，颜小茴，王燕楠，宋大刀，明白，敏敏，家蒙，杨湛，小霸王，醒醒，郑韩，根源，刺猬，钱南，卿安澜，曹聪……

推荐序二

我一直以为，创业者要么长成商人，要么长成企业家，这是两种完全不一样的角色。

创业者，是社会可持续发展的关键因素。近 30 年来，随着互联网的蓬勃发展，创业环境日趋丰沃，各行各业涌现了无数精英，我们敏锐、机动，洞察需求，解决问题，提供价值，总能在流量与产品的世界里找到机会。

但事实证明，创业者在向着企业家精进的路上，除了出色的业务能力，更离不开的是自身对企业模式、合伙机制、股权财税、团队管理、合规风控等方面的理解。只有不断地进行思考与研究、总结与反思，才能够避雷避坑，实现企业稳定高效的发展。

我的挚友丁邱洁是一名资深律师，同时也是一名优秀的企业顾问。十余年来，她和她的团队，在日常工作中，不断应对处理各行业企业发展过程中所遇到的纠纷、合规、财税、管理等问题。善于总结的他们，将遇到的问题进行梳理和归纳，将研究与思考写成普适的方法论，将公司发展运作与法律法规结合在一起，将理论与实际结合在一起，产出的知识，有着对公司运作认识上的高度和对当前环境理解上的深度。

她们凝练出来的许多内容，已经在不同行业和圈子中被广泛实践并获得诸多好评。这不单是她们的踏实工作及对其进行总结、反思的过程记录，更是众多创业者实操的智慧结晶，是普通人精进路上的一笔宝贵财富。

为了珍惜这笔财富，也为了与更多人交流与互动，让更多创业者受惠于此，她们在这本《创业十日谈》中，将创业、从业、咨询和职场升级中可能会遇到的问题，整理出了十个大模块，提炼出上百条精细化的实操方法，深入浅出地罗列了各种社会实践，并给到当前最优解，本书非常适合创业者、律师、咨询从业者和想要向上生长的职场人。

我们低头赶路，我们抬头看天，从满怀理想，到彷徨迷茫，从青春少年，到两鬓微霜。那些大步向前的脚印里盛满了我们的狂热、盲目和无所不能的错觉。当我们从梦中醒来，却发现浮华下那无助的夜晚，满眼望去只是对归零风险的无能为力，只是那无奈散伙后凌乱的孤单，只是那从滞涨到衰退苟延的挣扎。

我们能清楚的知道，业态不断变化，合规将日趋严格，经营模式将快速迭代。是的，人总是需要被一种善意的执念推着向前，我们在虬枝中攀折，试图将杂乱不堪理顺，让枯木逢春，让枝繁叶茂。

我们必须知法懂法，所以能规避风险少踩坑，我们应该精通财税，所以能提效降本多盈利，我们要擅长组织架构，要了解股权融资，我们确实应该掌握这些“增长加速器”一般的技能，所以，我们才能更加专注在属于自己的领域，一起等风来，等花开。

于是，有了这本启示录一般的书，飨诸君。

杨　涛

2022 年 7 月 1 日，夜雨孤灯

目录

Chapter 1 创业顶层必备常识：顶层架构的攻守与进退

前言 创业第一站 · 基石

Chapter 2 创业合伙必备常识：合伙协议签得好，创业致富才可靠

前言 创业第二站·启蒙

Chapter 3　创业团队激励必备常识：七定五法做好股权激励

前言　创业第三站·博弈

Chapter 4 创业者融资必备常识：卖股不卖身，白话打通股权融资

前言 创业第四站 · 外联

Chapter 6　创业合规必备常识：节税与合规，两手抓两手稳

前言　创业第六站·基建

Chapter 7 创业转型必备常识：企业经营核心之财务控制

前言 创业第七站·操盘

Chapter 9　创业扩张必备常识：企业并购与重组

前言　创业第九站·合纵连横

Chapter 10 创业顶层必备常识：企业改制与企业上市

前言 创业第十站·征途

1 Chapter

创业顶层必备常识：顶层架构的攻守与进退

好的治理结构不一定引导企业成功，不好的治理结构一定导致企业失败。

——硅谷投资者

法人治理，没有模板和捷径。所有的艰苦，都是成长的财富。本章从法人治理的角度，做了框架性的科普。创业者应该清醒认知到，没有一个完全相同的企业，也没有一套适用所有企业的制度；用好“具体情况具体分析”“主要矛盾与次要矛盾”，是做好法人治理的关键。

前言

创业第一站·基石

创业浪潮，千年席卷，从未停歇
浪潮之下，千万创客，前赴后继

以创业者之名，尽情起舞，或为生计，或为梦想
创业开展之路，始于法人，如何布局，事关成败

顶层架构是合伙创业的起点，关乎天时、地利与人和
法人治理是顶层架构的核心，关乎权力、职责和利益
弄懂顶层架构的攻守与进退，方能打好合伙创业基础

这一篇实用指南，帮你找准创业顶层合伙人
本章关注：老板如何搭台唱戏，企业如何基业长青

一

是什么、为什么、理论上怎么做

1.1

法人治理结构是什么

1. 含　义

法人治理是法人治理结构的法定模式，有内涵有外延。内涵是股东会、董事会、监事会和管理层组成“三会一层”，外延是基于“三会一层”的权力结构，详见表 1-1。

表 1-1　法人治理的结构表

（避坑妙招 1：权力不是游戏，是白纸黑字的契约精神）

序号	权利	治理机构	权	责	利	治理目标	示例
1	所有权	股东会	所有者的所有权利	出资、以出资为限承担责任；表决核心事项	所有者的所有权益、收益	三会一层相互制衡 鼓励中小股东，多种方式参与经营管理	上市公司股权架构

续表

序号	权利	治理机构	权	责	利	治理目标	示例
2	决策权	董事会	所有者赋予的权利，以章程规定为准	经营决策/财务预算/薪酬激励/干部提名/审计监察等委员会的人员任免、机构设置、职能确定等	经营决策权，有面子；任免管理层，有里子；高薪资、优渥福利	健全董事会机制是核心 董事会与经营层分离，消除董事产生的随性、消除兼任、分清董事职责 正确规划经营战略	固定/永久的董事席位，如阿里蔡崇信永久董事席位因公司形态与治理结构不同而差异较大
3	经营权	管理层	执行董事会决议，制定公司经营方针	建立组织结构，实施公司经营方针/计划	发号施令有面子；领高薪有里子；拿业绩换名气	完善汇报机制，合理解释实际情况、避免会计造假	由Investcop投资人打理Gucci古驰集团

续表

序号	权利	治理机构	权	责	利	治理目标	示例
4	监督权	监事会	监督公司规范经营	尽职勤勉/合法依规监督 专项稽查审议/提醒警示约谈/罢免弹劾起诉	提建议、搞监督	强化监事会职能、健全监督约束机制，采取投票选举 拓展→独立董事与监事双重监督、提高独董职业道德 加强外部审计独立性	如康美药业独立董事承担连带责任
5	分红权	股东/被激励对象	股份增值权 经营收益权	出资/出力/出资源	股利/现金	/	如餐饮行业的虚拟股权

2. 目　　标

（1）对自身

实现股东利益最大化而非经营者利益最大化；实现所有权、经营权完全分离，创始人可进可退，当甩手掌柜；避免创始人能力制约发展、成为阻碍或发展天花板。

整合资源，均衡权、责、利与名、责、监，实现组织优化、修复或纠错。

动态管理发展预期，高速成长、快速反应、高效决策，避免矮子开店、木桶短板。

（2）对外部

实现法人价值货币化，资产资本化，资本运作可视化。

实现股东与股东、法人与法人、法人与组织等多主体、各渠道全方位合作。

配合市场监管、完善外部治理结构、借鉴优秀制度、保障长远发展。

1.2 治理有激励：人力资源与股权激励的两步走

不打是上策，攻城是下策。

——孙子兵法

法人治理依靠组织、制度、运营、保障。其中，人始终是重心、中心。

法人治理讲究双赢、多赢，不是零和游戏；譬如，劳资始终存在博弈，多找中立区与缓和带，促和是常态。

容忍“团队成长不适应企业飞速发展”的矛盾，谨记“今天的快可能是明天的慢”。

多撮合交易，多促成事项，回归商事安排的本心。

如何激励人，是创业必然面对的问题。应明确，激励主要是对人的激励；是激励而非奖励，凡激励便有对价；激励对象应依合伙人关系或合作精神牵引，而非通过雇佣关系制约，这是两个分类：

①人力资源激励：更优渥的薪资待遇、更尊重更平等、更健康更真诚的企业文化。

②股权激励：股权是筛选、绑定人才的春药，贵人不可贱用，筹码决定忠诚度。关于股权激励，可以查看第三章的具体内容。

1.3 治理有约束：组织与制度、运营与保障的 4 步走

法人治理需要约束机制，但应谨慎、全面，否则贻害无穷。那，具体该怎么做呢？

无论是主动去约束或被动受约束，都可从四个角度设计。

第一步：组织体系

谁来做？划版块、定首脑，任命首席负责人，确定岗位的权、责、利。

例如，需新增内部审计职责，谁有资格与财务总监分庭抗礼呢？从职责出发，确定合适的人选，最终按照最初设计岗位的目的，调整岗位职责与人力资源。

第二步：制度体系

怎么做？设目标、定制度，设定一套生效与失效制度，

让组织中的人有法可依、有迹可循，依循目标执行。

例如，需要设立突发事件处理制度体系，如何开展呢？结合突发事件类型、企业所处行业，确定突发事件类型，从防、控、治三个维度设计适宜公司的制度体系。

第三步：运营机制

如何落地执行？定规矩、做流程，制度是否适合公司运营，跑一跑便知道，MVP（Minimum Viable Product/Procedure，最小化的可行产品或模式）跑得通、则保留流程，跑不通就果断砍掉流程，重新规划；流程的颗粒度需要尽可能细，细致到可以机械化的复制或执行。

例如，需要制定生产突发事件应急处理流程，则需要知会生产相关的所有部门，从采购来料、品质检测、仓库管理、生产现场、物流运输等，各相关部门均需要对应急预案的流程做出及时、准确的反应，避免一个部门行动失灵、导致整套预案失效。

第四步：保障机制

如何保障？定资源、定投入、定管理，舍得投入人、财、物，才可能取得约束机制的收益。光有资源没有监督做保障，也难以让制度和流程渗入法人治理并发挥作用。

例如，定了突发事件处理制度与流程，但碍于预案演习有成本、耗精力，将制度束之高阁，导致出现火灾、人损等突发事件，约束机制失效，最终产生经济损失。

二 三类架构落地常规经营

2.1 用主体架构统筹全局

实务中将一个公司称作一个主体，规划多主体架构有多种用途的考量，首先为合法策划税务；其次为业务拓展，合规交易；再次为财务合并报表，方便融资、享受减免抵退等企业优惠。

主体架构另一大用途是规避经营风险，避免危机与突发事件，从而为企业与创始人或企业与家业设立防火墙。但不宜过分神化防火墙功能，随着司法体系日趋成熟，《公司法》《合伙企业法》对股东、合伙人约束日趋规范，法人应该要有法人的担当。表 1-2 列举了 3 类主体的比较。

表 1-2　中国香港公司、新加坡公司、美国公司的对比

（避坑妙招 2：设立境外公司≠本集团公司的母体公司）

3 类主体架构分析			
关键 5 问：① 设立目的 / 目标是什么？② 不设立对经营管理的最大影响是怎样？③ 设立后降本增效的具体数据指标是多少？④ 业务收益是否计算清楚、是否达到覆盖海外主体的成本？⑤ 是否有海外资本运作真实需求、收入留存在哪里？			
主体	中国香港公司	新加坡公司	美国公司
常规用途	承内启外　支持跨境业务 安排海外财富　香港保单　香港 / 美国上市公司	支持跨境业务　安排海外财富 海外上市　合法节税	美国资本运作　打造国际品牌 建立全球工厂　返程投资
设计要点	商务备案　资金历史沿革 主体业务关联　主体是否合规	主体是否合规　业务是否符合本地政策 / 政府支持　做资本运作的跳板	商务备案　上市规划 品牌 / 业务方向 本土营业优势　资金类型
优势	利得税制、离岸豁免、进出口 0 税率、双边优惠 物流中转、收汇结汇、供应链中转 维护成本低、便捷	税种少、税法简单、优惠多开放 / 灵活 资本运作成熟 / 老板移民优势多 / 便于家业与企业统筹	外汇灵活、本土管制较少 无验资成本　部分行业的绿色渠道 本土市场成熟

续表

主体	中国香港公司	新加坡公司	美国公司
不足	跨境电商行业的重大不合规、影响整体政策执行的稳定性	节税易变为避税，政策被滥用影响企业基本盘、CRS 共同申报对避税亦有牵制 灵活性不如香港公司好，没有香港与大陆的双边优惠政策	政治因素、环境有限制 大型企业 / 关键领域企业禁止多 各州政策不同、需通盘考虑
工商流程	①申请资料：名称、业务范围、注册资本、董事股东证件 / 照片、股比、签名 ②流程：核名、准备资料、递交审核、完成、领取 ③存续资料：注册证书 CI、商业登记 BR、法团成立表格 NNCI 注册地址、法定秘书、水牌、SCR、印章、章程	①申请资料：名称、股东董事证件、2 个 + 经营范围、1 新币 + 注资、签名样 / 地址证明 /KYC、新籍董事 ②流程：提交、查册名称、审批、设立 ③特别提醒：必备本地董事配合签字	①申请：董事股东证件、签名 / 盖章、名称、个人信息 / 经营范围 / 所处行业 ②注册：何明、提交、审核、领取执照
财务税务流程	有会计记录本、股票本、需法定秘书 周年申报表 利得税零申报 公司注销 审计、理账、核数 / 报告	需法定秘书 税务年报	注册雇主识别码 EIN 据实记账报税 无营业零申报 部分行业的验证

续表

主体	中国香港公司	新加坡公司	美国公司
银行开户流程	①政策：视不同开户行开户政策确定以反洗钱、打击犯罪为禁止开户项 ②资料：注册证、董事股东证件、申请表、补充资料 ③流程：提交资料、递交审核、面签、开户/激活	①政策：简单、明确、确定 ②流程：开户、审核、可国内银行见证	①政策/流程相似 ②资料：注册证书 Aticles、联邦税号 EIN、章程 Bylaw、证件/基础信息/营业报表等
注意事项	①慎重开设、慎重确定业务范畴 ②资金往来核查，避免地下钱庄 ③一定存款保有量、资金日常调用 ④有效联系方式、异常需配合调查	①确定设立主体，则应考虑老板身份、业务迁移等可行性 ②纯粹业务考虑，则需做商务备案登记	①明确确定业务需求，考虑是否确实需要新设公司 ②不同州的财税工商、税务申报等资料差别大、专业度差异大 ③联邦体制下，各州治理水平差异大、需要重视

1. 境内主体

若考虑境内资本运作、则使用境内母公司为主体（不限制具体地区），方便税收减免退返。关于税务合规与优惠，可以查看第 6 章。

考虑不同行业主体公司的主营业务差异较大，需要因业制宜与因地制宜，一些时候，地方招商引资政策和行政办事的便利与效率，也是设计主体架构需要着重考虑的。若设计境内主体，股东身份、股权激励 / 股权代持安排等均需纳入考虑。

例如，跨境电商行业，境内主体母公司通常一分为三：一个负责装入核心业务，与关键合作方交易；一个负责软件、取得高新技术企业资格；一个负责供应链，与香港主体交易，便于取得出口退税。

再如，互联网软件行业，境内主体为母公司，在交易流水不大的情况下，通常设计简单双层架构，以合伙企业作持股平台，由母体公司申请双软认定，如还存有其他业务，则按需增设小规模纳税人主体作为补充即可。

2. 香 港 主 体

香港主体广为应用，首先是香港利得税制（未在香港本地取得的营业收入可以豁免利得税，简称离岸豁免）；其次是外汇结算、美元保单等财富安排较为便利，但也需重视，CRS

共同申报准则始终在发挥作用；再次，香港金融市场较为发达，有港交所，便于大陆之外市场的资本运作，是海外资金通路搭建之首选。

如果只考虑业务融合与财务税务合规，跨境电商顶层架构常以下图为蓝本设计，实现资金流、货物流、税务流与合同流的融合。图 1-1 为跨境法人架构设计图。

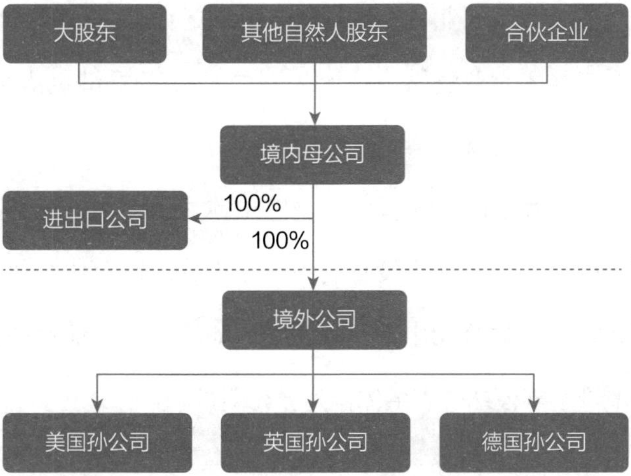

图 1–1　一个常见的跨境法人架构设计

（避坑妙招 3：需因业制宜，切勿套用模板）

3. 海外主体

设立海外主体，既有技术转移、业务开拓、资本运作、税务安排方面的常规设计，也有部分行业存在进入门槛、壁垒，主营业务在不同国家 / 地区面临不同监管政策的原因。例如，某虚拟资产交易平台，其业务创始人考虑到其业务被经典金融市场接受并不现实，转而采取开曼公司控股的形式，以谋求企业存续。

海外架构的分类与优劣莫衷一是，这样理解最减负：红筹架构适用我国香港地区或美国等境外市场上市，核心资产配置在境外，如在香港上市，需要承担香港市场估值低 / 流动性差的缺点，如在美国上市，需要接受安全审查等监管（架构中的涉税问题可通过增设香港主体做缓冲地带）。蓝筹架构以国内公司为母公司，资本市场审核长、税负成本相对可控。两种架构可相互转化，但需要承担转换的税务成本、合规成本等。

例如，通过香港公司作为跳板，跨境公司也可能会采取类似架构，详见图 1-2：

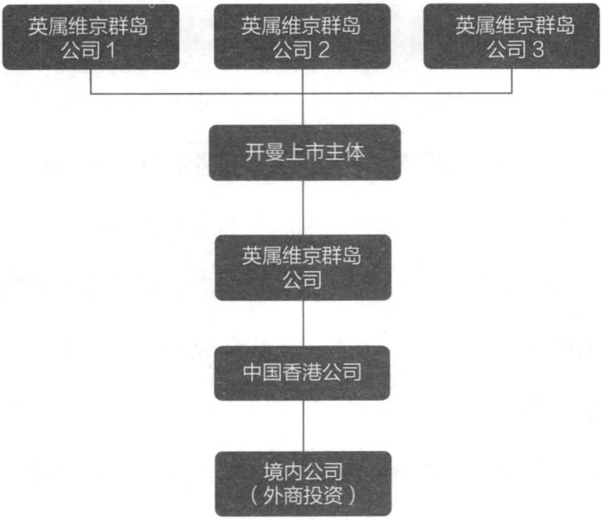

图 1-2　一个常见的红筹架构设计

（避坑妙招 4：非专业人士，切勿随意套用）

2.2

用股权架构稳定核心

股权架构是企业的最高机密，应当及早规划、全局安排、妥当实施。注意：

- 股权设计，设计未来。
- 权力制衡，做强做稳。

- 避免股权混乱如军阀混战。
- 规避股权天花板或调整无度。

1. 股权设计的考虑元素

股权设计应注意考虑以下元素：

- 股东结构：行业背景、文化背景、年龄结构、认知水平。
- 股份结构：股份比例、持有关系、控股股东 / 第一大股东。
- 权力结构：控股大股东、实际控制人、一致行动人；股权代持、同股不同权。
- 决策结构：董事会架构与席位、表决机制与表决权。
- 股东关系结构：业务关系、家族亲朋关系、特殊资源、同业 / 竞业禁止关系。
- 不同阶段的动态结构：筹备期、设立期、成长期、扩张期、成熟期、资本期。

2. 股权设计的 11 个陷阱

股权设计看似简单，实则陷阱重重，表 1-3 展示了十大股权设计陷阱。

表 1-3　10 类常见的股权设计陷阱

（避坑妙招 5：专业的事儿交给专业的人干）

序号	类型	具体描述	解决方案
1	需求不对	人不对 大锅饭 大手大脚	重新分配 股权是稀缺资源 权责利有对价
2	目标不对	定位不对 低调赚钱 并购重组上市	先设星辰大海 再动态调整 股权跟着战略走
3	定价不对	免费午餐到处送 你不会在坑我吧	分权有依据 合伙有诀窍
4	阶段不对	初创期、成长期、成熟期、衰退期，方法错、做法混乱	初创期慎重散权 成长期配置钱权 成熟期重股权退出 衰退期拿股权投资
5	掌门不力	账，算清楚了吗	规范财务账务 理清账务明细独立核算
6	发育不够	业绩不稳、业绩不涨、业绩衰退 拿股权续命	动态调整合伙人机制，股东变动与业务挂钩
7	不接地气	不懂业务瞎指挥 不懂企业套模板	懂业务、懂行业、懂专业 股权设计的本质是撮合交易
8	格局小	只许进不许出	设计退出机制 给得出拿得回
9	没弹性	一步到位 无法调整	用好递延兑现 均衡激励与约束
10	时机不对	太早启动贱卖了 太晚启动侵蚀利润	随时都可出手 但看怎么出手

除了上述的十大陷阱，实践中，更常出现的问题还有一心追求股权设计的极简主义：

- **最简单也是最受资本欢迎的结构：**大独裁者、股权或控制权高度集权，股权经得起稀释、对抗野蛮人，控制权能溢价（示例：阿里巴巴的期权合伙人）。

- **最常见也是集权最终可能的走向：**形式上的所有权、决策权、经营权三权合一，实质上的一人企业，肩负畸重的全部的权、责、利，老板的领导力是企业天花板或最大阻碍，易形成家族企业或限制经营发展。

- **为求简单，导致分利不均、矛盾重重：**分配经济利益，只分利润、不分增值与溢价；只给经营权力、不给经营增长的激励；想要名誉与机会，偏偏只给利益。

- **认知受限、遗漏权利：**分红权、资产增值权、资产溢价权，收益保障权、资产收益处置权（转让、优先购买、退出），经营决策权（表决权、选举权、经营权、建议权、任命权），知情权、监督权、查阅权、诉讼权等。

3. 如何避免股权纠纷

这实在是个经典问题，以下几条是金玉良言：

- 抓紧控制权、放走分红权。
- 要股份给股份、要名分给名分。
- 区分价值诉求与权利诉求。
- 白纸黑字写清楚，懂常识会避坑。
- 分红权的坑尽量避免（如只负盈不负亏，长期不分红、将利润转化成资产）。

4. 特殊的股权安排

（1）同股不同权的常见处理

起源于英国早期的普通合伙人与有限合伙人模式，常用于股权投资基金。

AB 股。示例：A 股，每股一个投票权，B 股，每 10 股一个投票权。

优先股。优先分红、优先套现，其余权利一样。

（2）股权代持

股权代持存有风险，但较为常用，除损害国家、社会公众利益或规避相关法律、法规与政策，一般视为有效。设计法人治理架构，法人代持多于自然人代持，主要考虑税负、抗风险能力、商事安排灵活性、行权的便宜等。但是，仍需注意：

- 代持股权可行，需配套完善制度。
- 代持股权需设立防火墙，避免代持人的道德风险。
- 避免代持股权的起纠纷、有争议，日常需留痕，存底至关重要。
- 被代持股东的显名化应提前设计、降低突发事件的损失。

2.3 用组织架构稼动经营

组织架构的设计，本质是如何排兵布阵，打赢胜仗，完成法人经营目标。我们经历的千人企业、百余劳资纠纷，背后的根源是法人治理不重视、人力资源乱处理。

1. 原则：职责清，信息明，通道顺

岗位职责，重中之重；岗位信息，清晰明了；晋升通道，必须保障；任职资格，动态调整。

2. 有目标、有分级，目标经得起推敲

- 公司的战略目标、经营层面的KPI有吗？合理吗？算法准确吗？有摊派给个人的KPI（Key Performance Indicators，关键业绩指标）吗？KPI合适吗？是否与岗位职责相匹配、是否经得起推敲？
- 非必要不避开因人设岗，但即便因人设岗，也要规范人力资源使用。

3. 示例：直播电商行业，主播管理如何实践田忌赛马模型

素人：依据销售数据划分等级，取临界值，设定三级考核，用孵化机制。

红人：以营销数据+带素人能力分级，设定三级考核，

用核心员工激励机制。

达人：以“季度、半年度、年度营收 + 管理团队 + 打爆品的成功率”设定分阶段目标，达标则给予“分红权 + 抽取管理员分成 + 项目利润分成”。

合伙人：综合业绩、是否达标合伙人准入门槛、行业趋势等设定持股计划，开分批、分期授予。

4. 模板：怎样用好岗位说明书

岗位说明书并非人力资源管理的全部，但能穿透法人治理水平，极简策划与落地。表 1-4 是一份通用模板，创业初期 / 成长期 / 成熟期等各阶段的法人均可适用，但需要结合经营目标差异化岗位职责与考核。

表 1-4　极简版岗位说明书

（避坑妙招 6：一切从简，职责颗粒度够高、分类够工业化岗位说明书）

岗位说明书					
一、岗位信息					
1. 工作关系					
岗位名称	初级法务工程师	所在部门		岗位编号	
直接上级	董秘	薪级范围		岗位定员	2 人
直接下级	无			职级	
2. 发展通道					
管理通道	法务主管	专业通道		中级法务工程师	
轮岗异动	母公司 / 分公司 / 子公司等其他关联公司法务工程师 / 主管 / 经理				
二、岗位描述【目的要清晰、岗位的内涵要细致，结合公司目标分步骤展开】					
1. 岗位设置目的					
合同拟定、审核、用印、管理等合同事务，法律事件取证、处理等咨询事务，其他职员法务培训事务，风险防范。					
2. 岗位工作职责					
1	合规：包括合作方合同的审核与修改，提出法律意见 / 建议；我方合同范本的拟定与修改，形成优化范本				
2	宣贯：向公司内部其他部门人员进行法律知识的宣传和贯彻，以达到培养其法律意识，提高其法律素养的目的				
3	咨询：根据咨询的对象、事件背景、当事人的要求，选择合理的方式和内容准确答复咨询请求，形成意见 / 建议				

续表

4	制度：公司内部事务相关流程文件、制度的建立和实施，以实现公司制度的规范		
5	风控：风险控制贯穿于合规、宣贯、咨询、制度等各方面		
6	谈判：辅助品牌、业务谈判		
7	存档：跟进合同的履行情况、续签情况、资料的建档和存档		
8	意见 / 建议：自主观察并收集信息，思考其性质、应对方法，从法律或管理角度提出意见 / 建议，作出反馈		
9	诉讼：根据部门指令和法律要求收集整理材料，提供证据支持或法律支持，参与具体过程，形成预防意见		
10	其他：除以上岗位职责以外的其他法律事务		
3. 岗位工作细则			
岗位具体工作任务及时间分布细则说明			
1	合同审核、修改、出具审核意见	2 份 / 天	6 小时
2	合同建档（需批量审核、建档时）	20 份 / 天	8 小时
3	合同存档（需批量存档时）	20 份 / 天	2.5 小时
4	法务相关资料制作、整理	2 份 / 天	2 小时
5	法务培训（需培训时）	1 次 / 天	1.5 小时
6	解决经营中的法律咨询事务	每周	不等
7	负责公司项目投资、采购及其他重大经营行为的法务支持	每周	不等
8	协助建立和完善公司法律管理体系，并修改、创新	每月	不等
9	出具非诉讼事务法律意见	每月	不等
10	收集、研究、宣传新的法律、法规	每月	不等
11	办理诉讼案件	每月	不等

续表

12	上级安排的其他工作事项	待定	规定时间
三、任职资格			
1. 教育层面	学历要求		
	专业要求		
	培训要求		
2. 经验层面	工作时间		
	专业经验		
	其他经验		
3. 技能层面	专业技能		
	计算机软件		
	外语要求		
4. 素质层面	性格特质		
	素质修养		
	知识结构		

5. 企业文化是人才的唯一变量

回归初心，老板大费周章搞法人治理，是为了持续发展、获取收益。创业包袱重，疾驰路上，惯性选择总是业务优先，但企业生长的文化不能丢。定义企业文化，找到愿景、使命、价值观，虚虚实实，才是人才大法的唯一变量。

2.4 突发事件的处理与应对（含危机公关）

法人治理生效，则会陷入突发事件，老板成了救火队员。

突发事件处理不当，会演变成危机事件，处理得当则会转危为机。我们一手抓合规与风控、建设法务部门，一手做品牌宣传与策划、处理公共关系，逻辑便是如此。

突发事件的风险模型一般为：

- 效益风险：干扰组法人实现特定社会效益或经济效益。
- 结构风险：破坏经营规则、程序、制度。
- 形象风险：损害品牌、声誉、信用。

1. 法人的突发事件与危机应对

法人是个台，搭台之日，便需与业务、税务、财务、法务、人力资源打交道，即便做好每一个治理动作，仍可能有突发事件发生。

（1）源

突发事件的根源链：未做好常规经营→出现突发事件→需要进行解决或危机公关。导致突发事件的源可能有以下几类：

- 管理者能力缺陷、业务单面手、思想麻痹不重视、缺乏经验。
- 组织结构不合理、重学历缺能力、重理论缺实干。
- 遇事慌张、不能转危为机、缺乏目光与敏感度、不吸取经验教训。

（2）防

突发事件的日常防控措施：

- 消灭懈怠意识乃头等重要，建立典型案例，加强警示作用。
- 内部吹哨人制度（路径、投诉、举报、保护与奖励）、设立保障与鼓励机制。
- 心理干预机制：负面也能报道、避免恐慌外溢。

突发事件应对常规操作指引：

- 日常防范：收集过程多元化、信息披露法制化、信息处理与识别专家化/全面化。
- 编制预案：应急预案，包括综合、专项、现场预案。
- 演练预案：突发事件演练、演习，常练常新。
- 对责到岗：管理人员多促进、带头履职、对监督问责、纳入考核；关键或直接引发突发事件的岗位，加大培训、违规追责。

（3）控

快：事件发生，迅速有效响应、降低损失（劳动纠纷，第一时间咨询法务）。

准：合理配置资源、高效反应、科学响应。

辨：组成专家组，识别事件阶段，区分危机潜伏期、危机突发期、危机蔓延期。

（4）治

区分性质：常规经营风险，淡化处理，如劳动纠纷、侵权纠纷、人身损害纠纷。

区分诉求：是诉诸情感还是诉诸理智，因人因事因业制宜。

区分目标：为了唤起恐惧、敲警钟，还是为了处理个案、大事化小。

区分处置：明示结论、官宣结果，还是不明示结论、囫囵而过？需要综合评定。

（5）危机公关

事件扩展到一定程度，需要启动反应机制和应对系统，确认状态和程度并适时公布真相，必要时需要通过自媒体、各方媒体，参照“新闻发布流程”、经法律顾问把关后，对外发布必要的信息。

（6）报告模板

仅用一份真实的突发事件报告，就能通晓法人治理水平，踢皮球、权力压榨、管理混乱、制度失效、遮掩西东，都能管窥。图 1-3 是常规突发事件报告模板：

关于 XX 突发事件的报告
一、事件概况 XX 厂 XX 地方 XX 事故发生于 XXXX 年 XX 月 XX 日 XX 时 XX 分，事故造成 XXX 的损失，经过应急小组前期的正确紧急处理和公司律师顾问 XXX 的及时处理，目前该事件已有处理结果： 1. 该事件属于 XX 性质的突发事件，…… 2. 该事件造成具体损失有 2.1 2.2 3. 责任认定 3.1 3.2 4. 相关方赔偿（或索赔）情况 …… 二、事件原因分析 1. 2. …… 三、事件处理经验 1. 前期紧急处理评价 2. 法律顾问建议 3. 该事件在后续处理过程中遇到的棘手问题是 4. 以后处理类似事件时需要改进的地方 5. 给相关部门在管理方面的建议 …… 四、下一步计划 针对此次事件暴露出的管理（意识）上的问题，拟采取的防预 / 改进措施：

图 1-3　实用版突发事件报告

（避坑妙招 7：用一份报告管窥法人治理水平）

2. 老板个人品牌的突发事件与风险控制

（1）含义

● 创业者（老板 / 关键员工 / 家族成员）形象与法人形象“你中有我、我中有你”。

● 自媒体创业者容易陷入过往表达的惯性，将个人逻辑覆盖法人逻辑，盲目套用经验，导致突发事件演变成危机事件，遭至个人与企业品牌的双重危机。

（2）防守为主

● 多学知识：成功的偶然背后，有认知的必然，多学习企业经营、品牌管理常识。

● 好好说话：区分个体表达、群体表达，区分吐槽与评价，识别禁区。

● 在哪儿说：私人场合、公开场合表达与措辞不同，要注意谨慎与克制。

● 说什么：业务表达要注重原创，应谨慎评价竞争对手，遭遇冒名的“李鬼”应重视。

- 怎么说：越坦诚越少麻烦，谎言是“十个坛子九个盖子”，终会露馅。

- 说错了怎么办：不用害怕，寻求律师等专业人士帮助，或柔软或直接应对，即可。

谨记：影响力之上，高悬达摩克里斯之剑；慎用苦情戏，反转背后有清算。

（3）老板私事影响了公司，怎么办?

- 法律上，用架构设计隔离老板个人与企业承担连带责任的风险。

- 财务上，用资金通路区分老板个人费用与企业成本费用的风险（亦可避免犯罪）。

- 税务上，用主体架构分离税务、划定业务版块，避免行业不确定风险。

- 人力资源上，用管理权限限缩老板的权责利，避免传导受到行政处罚。

- 品牌经营上，用架构设计规避老板品牌受损与企业品牌危机存亡的风险。

三 法人治理的定位与回归

法人治理，同一个配方不同味道，差异源于企业文化、创始人认知、市场与环境等，从定位与回归的视角，一手分析原因、一手提出解决方案。创业者应意识到，必须统一企业评价的度量衡，用通行的财务会计语言，用公允的数据，为法人治理体检，算好账、明告知，算法有依据、有迭代，方能真正完善治理结构。

3.1 定位：分期分段，松紧适度

1. 初创期：形式重于实质

“担着股东的名头，跑断腿，干着一线员工的活儿”，是这个阶段的老板常态。好不容易熬到年底，哪有分红？忧虑公司还有没有明天，活不活得下来？谁是控制人、谁是决策人，需要按法人治理机制规划吗？这些都无须理太清，但形式得有，为长期发展奠基，但不必过度约束，避免还未开始就分崩离析。

2. 成长期：麻雀虽小五脏俱全

跨过初创期、成长期必须梳理股权架构、议定董事会机制，避免无知致失控的危机；融资阶段，创始人失去控制的方式为：出卖不恰当比例股份、让出董事席位。具体可以查看第 4 章。成长期，法人积极主动梳理与规范治理结构，能省钱、避坑，助力绕开混乱期。

3. 成熟期：表里一致有实质有形式

怎样判定法人进入成熟期？业务稳定、组织完善、持续经营是标准。内部治理的三驾马车配备齐全，经营、投资、筹资并驾齐驱。此时的法人治理，既要符合法人内部发展需求，又要符合外部监督、资本市场运作、向公众曝光的需求，需要设计、合规、符合 3~5 年的发展规划的治理结构。

4. 衰退期：一手撤退一手投资

怎样判定法人进入衰退期？兵败如山倒，一旦出现衰退的显著指征，创业者应做到：

- 衰退期的企业需要考虑业务撤退、架构收缩。
- 如仍有结余或利润，需要提前制定投资规划。
- 并行策划新设主体隔离新老业务风险。

3.2

回归：主次内外，兼收并蓄

法人治理，分清主次矛盾、矛盾的主次方面、内部与外部矛盾，是永恒的主题。回归法人治理，本质是制度与管理的博弈。

1. 业绩管理、规模管理

新设法人得糊口求生存，熬过成长期得警惕内忧外患，跨入成熟期，生怕掉队失势：

- 规模陷阱：业绩是阶段目标，也常被视为指挥棒；但业绩管理需要考虑边际效益，不同阶段法人治理效果的评估标准不同，认知与执行力或促进或制约经营发展。

- 心理预期：容忍冗余、融进沙子是常态，让子弹飞一会儿，有快有慢、有疾有徐。

- 持续行动：规范财务报表，统一治理的度量衡，设立测算公式，建立估值模型，拆解法人组织架构的部门与岗位价值，做到管理有据、经营有法。

2. 合规攘外，内控治内

（1）风险管理，通常分为合规与内控

合规：管理外部事务，多由公司管理层实施，控人不控事、从人的轨迹设立规范。

内控：管理内部事务，多由财务内部控制，以钱管事、用资金流动穿透事务管理。

（2）风险管理的常规算法

法人的损失＝法律责任＋经济损失＋商誉；个人的损失＝法律责任＋经济损失＋名誉。

以有限责任公司为例，一旦出现问题，法人以其出资为限赔偿损失、搭上商誉的潜在损失；如为个人，赔钱之外，得配上名声。公司没好名，个人无信用。

公共利益的损失：侵害秩序、公平、公正、安全、财产、自由与生命等。

如果风险失控，通常需要消耗集体利益，要么损失钱、要么丧命、要么失去自由。

（3）合规4个层，层层把关，万夫莫开

第一层：刑事合规是核心层，最为重要，但常被忽视。

企业刑事合规是合规的中心、重心与核心，但一直被忽视。创业者极少关注刑事合规，自然过滤刑事风险，先天不懂，加上人为放任，常常调侃“赚钱的方法都写在《刑法》里”，却从未真正梳理创业是否存有刑事合规风险。查看本书第8章，系统厘清企业刑事合规。

第二层：行政监管，俗称民告官、官罚民。

法人的日常经营活动面临的行政监管较为集中，具体可参照表1-5。

表 1–5　实用版行政处罚列表

（避坑妙招 8：法人更懂法，避开行政处罚）

序号	类型	行为	可能受到处罚	示例
1	垄断	垄断（横向、纵向、轴幅）/ 滥用市场支配地位 / 经营者集中 / 国家补贴	民事处罚 行政处罚 刑事犯罪	腾讯与 360 的 2 选 1
2	不正当竞争	商业贿赂 / 侵犯商业秘密 / 虚假宣传 / 混淆行为 / 混同 / 违法有奖销售 / 侵害商誉 / 妨害网络产品及服务 / 阻碍监督调查	民事处罚 行政处罚 刑事犯罪	快手前副总裁舞弊入狱
3	互联网信息服务	业务许可、备案 / 信息公示 / 信息内容违规	行政处罚	无证经营
4	电商销购	经营行为违规 / 信息披露风险	行政处罚	高仿 /A 货
5	网络交易管理	未办理市场主体登记 / 平台对经营活动或经营者监管风险 / 消费者权益保护 / 个人信息保护 / 不正当竞争	民事处罚 行政处罚	李鬼 VS 李逵
6	广告管理	内容合规 / 审查批准合规 / 经营者、发布者（应知、设计、制作、代理、发布）风险	民事处罚 行政处罚 刑事犯罪	虚假宣传最好 / 保证效果 / 假冒
7	价格管理	价格行为 / 不配合价格监督检查	行政处罚	囤积居奇

续表

序号	类型	行为	可能受到处罚	示例
8	消费者权益保护	客户信息使用不当 / 格式条款 / 消费者欺诈 / 产品缺陷	民事处罚 行政处罚	卖房捆绑车位
9	个人信息保护	收集 / 管理 / 处理 / 跨境传输	行政处罚 刑事犯罪	打车平台出海上市
10	网络安全/国家安全	运营者安全 / 关键信息基础设施运营 / 网络产品服务 / 个人信息使用	民事处罚 行政处罚 刑事犯罪	买卖 / 泄露用户隐私信息
11	知识产权保护	著作权侵权 / 侵犯邻接权 / 商标权、使用 / 假冒专利 / 专利侵权、知假售假（及时注册，规范实施许可和转让，加强商业秘密和商标保护，规范使用）	民事处罚 行政处罚 刑事犯罪	仿制靶向药
12	安全环保	安全 / 环保 / 职业健康	劳动仲裁 行政处罚 刑事犯罪	重大生产事故 / 职业病
等等				

第三层，违背民商法的交易规则、破坏契约精神，违法行为。

法人作为主体，可能因违约而违法，创业者个人可能破坏商业规则，具体为：

①可能涉及的行为列表，见表 1-6。

表 1-6　可能涉及的法人行为列表

（避坑妙招 9：法人更懂法，避开行政处罚）

序号	类型	行为
1	交易管理	正确履行合同、无正当理由不得放弃合同权益、不得开展融资性贸易 / 空转 / 走单等虚假贸易
2	资金 / 财务 / 税务管理	应收账款的追索 / 保全、财务内控体系、财务事项的执行与审批、财经纪律、依法纳税 伪造、变造交易凭证，故意错报、记录虚假交易，出具错误财报，关联交易，不按法律规定披露，利用会计政策的舞弊行为
3	法务管理	核心合作伙伴 / 风险型伙伴的调查
4	供应商管理	质量管理体系
5	资产管理	转让产权、股权、资产，按审批 / 决策程序履行决策、按要求审计 / 资产评估、按公开公平交易原则定价、按规定执行回避制度、进场交易
6	资本运作与管理	投资并购：决策与审批流程、充分考虑重大风险、风控体系；可行性研究、尽职调查、风险分析、无重大疏忽；财务审计、资产评估和估值；报告的真实有效性、不得出具虚假报告；预算审查、避免严重偏离；关注项目是否有重大变化，及时调整与止损；严格执行负面清单
7	境外经营	围绕市场热点、监管重点、核心业务，关注合规风险，及时发布风险提示，制定境外业务管理制度，建立风险排查预警应对 遵循监管规定、切实防控境外合规；全面掌握禁止性规定，明确红线 / 底线 健全制度 / 体系 / 流程，合规论证 / 尽职调查，加强管控 / 规范经营；定期排查风险状况，重点关注重大决策、重大合同 / 大额资金管控 / 境外治理 / 防范扩大与蔓延

续表

序号	类型	行为
8	跨境贸易	遵守贸易管制 / 制裁规范、注意规避禁运国
9	公益行为管理	健全制度、严格审批、正确履行

②可能涉及的老板 / 员工的行为列表，见表 1-7。

表 1-7　可能涉及的个人行为列表

（避坑妙招 10：个人更懂法，避开行政处罚）

序号	类型	行为
1	违规行为	为获得不正当 / 不合法经济利益，故意欺骗、隐瞒事实 / 重要信息：与职务密切相关，为实现个人利益损害公司利益，存在主观故意的侵害
2	侵占类	盗窃有形资产、侵占挪用行为、知识产权
3	欺诈类	伪造学历 / 经历、报表 / 财务凭证舞弊、故意隐瞒错报交易事项、虚假交易
4	腐败类	受贿、行贿、内部腐败行为（调整收入 / 职级）
5	利益冲突类	获利事项转移他人、从事竞业禁止行为、非公允的关联交易、泄密
6	不当谋取公司利益	为不适当的利益而收益或支出，受贿和行贿；出售不存在或不真实的资产；从事违法或违规经济活动；偷逃税款
7	损害公司利益类	损害商业信誉商品声誉、利用计算机及其系统侵害公司利益；转移公司交易事项、非法使用公司资产，贪污挪用盗窃公司资产，虚构业务、记录虚假交易使公司付款、故意隐瞒错报交易、泄露商业秘密管理秘密

续表

序号	类型	行为
8	劳动人事	错误计薪、扣薪、减薪、发薪 劳动合同：签订、履行、变更、解除 劳动规章制度：合法、合理、完备、兼容、适时、操作 工资条的规范、发放合规
9	多种用工	间接用工：个人承包、劳务派遣、业务外包 混合用工：借调 / 委派、共享员工 另类用工：互联网（平台 + 个人）机器人（机器代替人工）

第四层，社会责任、商业伦理。

法人自身需具备统筹商业道德、交易安全与社会责任的远见卓识。一份商业合作合同，不只要关注交易对手方，更需要考虑文本之上与文本之外的规则与规制，尽可能周全地考虑相关利益共同体，注意力应随规模增长而增加。

法人经营应满足国家层面的强制性规定、社会层面的行业规制与伦理。法律法规具有强制性，属于经营中不得不遵守的部分，社会伦理与道德评判是法人经营内心的刻度尺，法人经营，既得守住底线、也得防范触碰高压线。

2

Chapter

创业合伙必备常识：

合伙协议签得好，创业致富才可靠

天下熙熙皆为利来，天下攘攘皆为利往。

——司马迁·史记

股东之间设立公司进行合作大多萌发于“情投意合”，但想走得长久还需“利义结合”。理念同频是“柔”，法律文件是“刚”，刚柔并济才能尽量避免纠纷，让企业走得更远。

前言

创业第二站·启蒙

创业之初，懵懵懂懂，无知无惧

为何合作，如何合作，如何长久

没有人生而为创业者，创业者生而需学习

学习合伙、学习合同，是创业新手的启蒙课

合同常识是开始创业的起点，关乎持久与延续

白纸黑字是契约精神的展示，关于信用与荣耀

这一篇实用指南，帮你找准创业联合创始合伙人

本章关注：找一群务实求真的合伙人

一　为什么要签合伙协议

1.1 定规则固根基

创业是一个漫长的过程，每个企业都可能会几起几落，股东将和公司一起经历发展道路上的所有事情，而且很多事情和股东的利益密切相关。例如：

- 公司经营好了，该不该分红？该不该多元化？如何激励经营层？
- 有人要并购，卖还是不卖？
- 公司经营不好，亏损了怎么办？如果需要股东不断往里面投钱怎么办?
- 有人想退出，如何处理?

……

企业发展过程中的每一次股东决策，都是对股东人性和观念的一次大考验。股东对企业发展方向甚至某些具体事情产生分歧是经常的，也是必然的。

股东是公司的根基，股东出问题公司根基将动摇，所以创业之前必须考虑到股东之间产生分歧的可能，事先以协议的方式定好规则，只有认同规则的人才能成为股东。如此，才能为公司奠定一个坚实的根基。

说到这里，可能很多创业者会说：我们有规则，公司设立的时候按照工商部门的要求签了公司章程。

那您公司章程签署的时候都仔细阅读过吗？内容符合公司的实际情况吗？签了公司章程还需要签合伙协议（为免歧义，本章所说合伙协议特指公司发起人在设立公司阶段签署的合伙协议/股东协议。）吗？

1.2 基于章程高于章程

1. 公司章程定义

一般来说，公司章程是指公司依法制定的，规定公司名称、住所、经营范围、经营管理制度等重大事项的基本文件，也是公司必备的，规定公司组织及活动基本规则的书面文件。

2. 公司章程与合伙协议的区别

公司章程与合伙协议在性质、制定程序、约束对象及必备性、公开性这几个方面都有一定区别，简要概括见表 2-1。

表 2-1　公司章程与合伙协议对比

（避坑妙招 11：无规矩不成方圆，合伙为规章程为矩）

序号	类目	公司章程	合伙协议
1	性质	公司自治性规则	合同的一种
2	制定程序	制定和修改依据多数决（三分之二以上表决权股东同意通过）原则进行，一般无须全体股东一致同意	制定和修改需要取得签署协议股东的一致同意
3	约束对象	对公司股东、公司、董事、监事、高管均具有约束力（不管是否签署）	对签署协议的股东具有约束力
4	是否属于公司必备文件	公司设立存续必备的法律文件，必须在行政主管部门登记备案	不是公司设立存续的必备法律文件
5	是否公开	在行政管理部门公开，且股东可随时查阅	具有私密性，股东无义务公开

3. 为什么制定章程后，还要签署合伙协议

（1）合伙协议可在公司设立前签署，约束各方在公司设立中的权利义务

合伙协议约定合意产生至公司设立期间的股东义务，减少不确定风险。例如，公司如何设立，由谁负责办理手续，设立阶段的投入如何负担，股东的股权比例等。

（2）在行政机关备案的公司章程具有一定的“格式性”，不能完全表达股东意思

公司章程模板格式化，不能进行个性化、特殊化的处理；合伙协议可以对公司章程进行补充和完善，充分表达股东之间的意思。

（3）股东不愿意对外透露的内容可以考虑放在合伙协议里

公司章程具有一定的公开性，但合伙协议并不需要对外披露。

（4）合伙协议可以实现更灵活的安排

合伙协议无须工商局登记，可随时协商变更；不仅适用于股东之间，也适用于股东与公司、股东与非股东之间；可以通过变通的方式对股权相关问题（干股、技术股、期权、股权回购）进行有效的安排；可以约定违约责任。

因此，凡是涉及《公司法》没有明确规定，而公司章程有权处理的事项时，建议通过合伙协议来具体处理。比如，股权激励，公司章程里面只规定股权激励的大致安排，由合伙协议进行具体规定，协议中甚至可将详细的“股权激励计划”作为附件列出。

二 条款如何设置

2.1 签订合伙协议的 5 大原则

1. 资本分配原则

如何正确出资和分配股份？股份规划要兼顾资金、人力及资源。重资产项目：资金权重高；轻资产项目：人力权重高。

2. 控制权设置原则

初创期创始人执掌权杖，协议设计的是以多数票所形成的决议权和职位。控制权设置方式还包括投票权委托、一致行动人。规模小一般不考虑一票否决权。

3. 收益分配原则

贡献与收益成正比，贡献越大收益越高。使用激励工具充分调动全职股东的积极性，如绩效考核、股权激励计划。

4. 退出机制原则

约束股东，维护稳定，避免产生纠纷和由退出分歧造成的损失，杜绝“请神容易送神难”。

5. 保密与竞业限制原则

最大限度保护商业机密和减少内部员工成为竞争对手，形成企业防控商业风险、保护合伙财产的有效屏障。

2.2 合伙协议主要条款

1. 公司方向条款

合伙成立公司的目的什么？要做什么？是发射火箭还是卖煎饼？要做的项目可大可小，但一定要描述清楚。包括项目类型、经营范围、定位、运营模式、项目推进计划、发展愿景等。

2. 出 资 条 款

（1）出资金额：创始股东各自出资多少

出资金额和公司注册资本相关，认缴出资并不意味着可无期限不履行出资义务，切忌不切实际的认缴出资。

（2）出资方式：货币、不动产（土地、厂房等）、动产（汽车等）或者知识产权权益（专利、商标、著作权）

需要注意：非货币形式出资，均需对出资财产进行评估估值。

（3）出资期限：包括资金到位，动产和不动产权利转移，知识产权权益转移。

（4）追加出资：如果出现亏损，每位股东追加出资的原则、时间。

（5）法律责任：未及时出资、瑕疵出资、抽逃出资等的法律责任。

3. 分权条款

（1）股权比例

是按出资比例确定股权比例，还是需要考虑人力资本等其他要素？

仅考虑资金因素，则会导致忽略合伙人对项目的综合贡献因素和价值，所以股东合作考虑股权比例并不必然唯出资论。

仅考虑资金因素，出资比例也不一定等于股份比例，即“同股不同价”，对于不同的人可以自由约定股权的价格。

需要注意的是：

创业注册公司时，千万不要一开始就注册股份有限公司，股份有限公司受法律的限制更大，而有限责任公司自治的自由度更好，在股权的操作上灵活度更大。

（2）控权比例

股权比例不一定等于控权比例，即“同股不同权”。我们强调控股，但控股不等于控权。

从法律角度来说，51% 确实是股权的一条生命线，可以保持相对控制权，但是不占 51% 的股权就真的会失去控制权吗？想想任正非的 0.94%。

（3）分红比例

股权比例不一定等于分红比例，即“同股不同利”。

占有多少股权，不一定有相同比例的分红权，股权比例与表决权、分红权是可以分离的。

4. 分红条款

公司发展好盈利了，怎么分配？约定分红时间、分红比例、具体流程、财务如何管控以保证其公开透明。

原则上会按照公司法会计年度每年分配一次利润，在年底进行分配，也有约定分配一部分利润，其他利润用来投资。

5. 分工条款

协议不仅要对合伙人的权利进行划分，还需要对合伙人进行分工，约定每个人负责的内容，如何执行、考核标准。

谁是 CEO、CTO、COO，要确定下来。明确分工直接关系合伙人在项目中的职责，完美的合伙人团队结构是背靠背，各自独当一面。通过书面的方式确定分工，也是决策权限的依据。

6. 股权相关条款

（1）股权进入、转让与退出

①股权进入

一般来说，创业初期的人才股权采用的都是限制性股权，即先给人才股权，然后约定在一定的时间和条件下才能成熟，在没有成熟之前，该股权不能转让，即人才拥有股权相关的其他权利，但没有处置权。

成熟时间规定比较灵活，一般可以约定按四年来进行成熟，平均每年25%。

②股权转让

任何一个股东或者合伙人转让股权，都应经过其余股东召开股东会同意通过后才能转让，并且其余股东按所持股权比例享有优先受让权。如果要转让给第三方的，那么第三方对项目所能给到支持和贡献的价值，不能低于转让方。

③股权退出

股东退出分两种情况：一种是主动退出，另一种是被动退出。不管是哪种退出，都容易产生矛盾。

股东之间事先约定好退出机制，对退出的边界条件、方式、作价等做出规定，明确约定在什么情况下股东可以退出，什么情况下必须退出，以及退出程序如何办理，股权价格如何确定等。这样，很多后续的退出纠纷就不会有，甚至因为有了这些规则，很多分歧就不会产生。

（2）股权预留

股权预留主要适用于以下几种情况：

第一种："班子成员"未凑齐，需要预留。

第二种：创始人贡献、作用变化需要股权动态变化，股权预留可以满足其需求。

第三种：股权激励需要预留股权去实施。

（3）股权稀释

创业项目在融资时，肯定要稀释股份，一般而言，创始人的股权都是按股权比例平等稀释。

（4）离婚股权分割

主要是针对股东离婚的情形。一般建议分家分钱不分权，就是股东在先期就与配偶进行约定，离婚仅能分割婚姻存续期间股权的财产性权益，对于股东资格无权分割。

（5）股权继承条款

主要是针对极端情况发生的预先安排。按照《公司法》规定，股东资格是可以被继承的，除非公司章程另行规定。

股东之间，尤其是创业之初的有限公司首先是人和，所以一般在创始股东协议中同步做出约定，发生继承情形权利人只能取得股权中财产权利，无权继承股东资格。

7. 决策机制条款

①明确企业是否设立董事会、监事会和股东会、董事会、监事会的职权以及运行规则。

②确定股东会以及董事会的表决机制，明确规定哪些问题由谁来决策，如果是集体决策，如何表决，一旦表决，所有人必须坚决执行等。

③确定议事规则。比如：会议通知以何种形式发出，是书面的还是口头的？通知发往的地址，是股东的法定地址还是实际地址？地址变更如何处理？如果某股东将通知退回，是认定其未收到通知还是拒绝参加会议？未收到通知但参加了会议，事后却提出异议，那么应认定股东会召集瑕疵，需要重新召集，还是认定有效？

8. 竞业与保密条款

（1）竞业禁止条款

合伙人之间因各种分歧导致某些合伙人退出，这种情况无法避免。而退出的合伙人常常会另起炉灶从事老本行，也就是竞争性行业，有些股东还可能带走一个团队从事竞争业务，对公司和留下来的股东来说都是很大的打击。

为了防止这种情况出现，股东之间约定竞业禁止十分必要。股东之间的竞业禁止无须约定补偿，而且可以约定比较大的违约责任去约束。

（2）知识产权和保密条款

知识产权主要是针对一些科技型企业，股东之间的合作基础可能就是看中了前期部分股东的知识产权，如果知识产权没有变更至企业名下，则等于合作的前提条件没有成就，所以前期要做好约定。

另外，保密条款也是合同基本的保障条款，对于股东之间的约定和合作事项涉及商业秘密，各方均有保密义务。

9. 违约责任与争议解决条款

如果股东之间对于前面的具体事项、各方权利和义务等均作了明确约定却缺乏违约责任去约束，那么违约的成本就大大降低，风险就会凸显。所以要在合伙协议中做出明确的违约责任约定，对各方一视同仁，违约就要付出代价。这个条款作为大家诚信履约的保障必不可少。

10. 清 算 条 款

创业固然都是奔着成功去的，但也得考虑可能存在失败的情况，对创业失败后合伙事业、财产的清算流程和规则进行约定，特别是对于创业过程中取得的知识产权成果的清算，尤为重要。

三 注意事项

3.1 与公司章程冲突时的效力问题

基于前文所述，合伙协议不仅对公司章程进行补充完善，甚至会修改公司章程的相关内容，虽然合伙协议可以约定“若公司章程及其他工商登记文件、内部决议文件与合伙协议有冲突的，以合伙协议约定为准”的条款，但当合伙协议与公司章程真正发生冲突时，公司、股东、外部债权人应适用哪个文件呢？

1. 冲突时选择适用的基本原则

当冲突涉及的事项带有“对外”性质时，若涉及外部债权人、其他合作方，应当优先考虑适用公司章程相关规定。

当冲突涉及的事项属于股东之间的内部事务时，优先适用合伙协议的约定。

2. 具体判断规则

若冲突涉及的事项属于章程中的绝对必要记载事项，因该事项由法律直接规定，当事人之间无法通过合意修改，因此合伙协议的相应规定违反法律法规，应以章程记载为准。

若冲突涉及的事项属于章程中的相对必要记载事项或任意记载事项，则依据是否涉及外部第三人进行判断，若涉及外部债权人、其他合作方，应当优先考虑适用公司章程相关规定；当冲突涉及的事项属于股东之间的内部事务时，优先适用合伙协议的约定。

在合伙协议没有特别约定某一事项协议效力优先于章程约定情况下，则根据两者制定的时间先后顺序做判断，以后制定者效力优先为原则。

3.2 配套协议的签署

1. 需配套签署的协议类型

有些事项虽然合伙协议中会设置相应的条款，但内容相对简单，不能完整体现需要约束的内容。鉴于其重要性，最好是配套签署单独的协议，包括竞业禁止协议、保密协议、退出协议。

2. 配套协议签署目的

（1）竞业禁止协议：防止股东被同行挖走和出去单干成为公司的竞争对手。

（2）保密协议：防止股东身在曹营心在汉，把公司机密和资源泄露给他人。

（3）退出协议：避免股东坐享其成，吃大锅饭不干活。

3

Chapter

创业团队激励必备常识：七定五法做好股权激励

利可共不可独，独利则败。

——曾国藩

股权激励始于老板的失势。雏鹰意欲腾飞，奈何业绩提振困难。天兵空降，无奈外来的和尚念不好经。如何扭转局面、稳操胜券？激活员工能量，看似成人之美，实则是不得不的选择。

股权激励一做就死，如何避免先入狂飙突进虎口、又入滞涨徘徊狼窝？博弈之下，权力游戏之争，序幕将启。

前言

创业第三站·博弈

创业稳定，无惧生死，寻求规模
如何找人，如何用人，如何留人

熬过生死的混沌期，创业者为人才心力交瘁
选人与用人的决斗场内，要么双赢要么双输

不做股权激励，不等于老板不大气
做了股权激励，不等于企业一定行

这一篇实用指南，帮你找准创业团队合伙人

本章关注：如何避免一做股权激励就死？

一

股权激励要不要做——四大因素

股权激励一直以来都是一把“双刃剑”，用的好会促进员工绩效和企业整体效益的提升，而设计不当不仅起不到促进作用，还可能对企业造成不可挽回的损失。因此，不能盲目选择进行股权激励，需要综合多方面因素进行考虑。

1.1 从目的出发

企业进行股权激励，终极目标是“共赢”，在这个终极目标之下，不同的阶段进行股权激励，通常是为了两个目的：人和钱。

1. 人

对管理层：通过股权激励留住他们，稳住团队管理的能力——格局决定结局。

对核心人员：股权激励能够调动他们的工作积极性和创造性，产生正面激励效果——筹码决定忠诚度。

对普通员工：持股方式能够让一线员工有分享公司利润的机会，激发员工的主人翁精神——恒产决定恒心。

对曾经功臣：通过股权让功臣们退出重要岗位，给他们一个“金色降落伞”——股权释兵权。

2. 钱

如果企业是一个人的身体，那么现金就是流通的血液，人才就是活动的四肢。人才和现金的重要性都不言而喻，股权激励可以缓解企业的现金支出压力。

——“既让马儿跑，又让马儿少吃草”。

举例：宜家产品合伙人制度

宜家小商品品类众多、颜值高、具有时代气息、更新换代快，这意味着需要有水平很高的设计师提供服务，是不是也意味着设计师的成本也很高？产品价格会相对较高？

关于宜家的产品价格，众所周知，比较便宜！实际上宜家的设计师成本在同类公司当中也是非常低的。为什么？得益于宜家推行的产品合伙人制度——所有被采纳的设计方案，设计师将终生持有该产品 3% 的利润分红，用零现金成本换来最好的设计方案。

1.2 从行业属性出发

相对于国企，民企在所有权与控制权两权分离的前提下，更容易推行股权激励，确保提升企业核心竞争力。智力服务、高科技、互联网等行业更需要股权激励，资金密集、资源垄断行业等行业对股权激励需求较小。

1.3 从企业发展前景出发

行业及企业发展前景不好，不建议实施股权激励。如果企业处于衰退期，那不管对什么人、用什么样的方式来进行激励，都无法改变企业衰退的事实。

1.4

从时机出发

一家企业不同发展阶段，需要不同的激励方式，什么时候做股权激励能让激励效果最大化，需要慎重选择。

二 股权激励什么时候做——三个阶段

企业应该在什么时候进行股权激励？初创期？成长期或者成熟期？

答案是：任何时候都需要！只是处于不同发展阶段，实施股权激励效果会不太一样，也需要匹配不同的激励方案。

2.1 初创期

期权是定心丸。

企业在创业初期，资金有限，团队不成熟，如果开不出很高的薪酬，就招不到高端人才。这时候企业可考虑给员工分配期权，让员工对分享公司成长收益有期待，激励员工与企业共进退。

2.2 成长期

分股是聚人才的绝招。

企业处于成长期，人才的储备很重要，一切的扩张经营都需要人去实施，尤其需要高端的人才去把持和管理。此时导入股权激励制度，能为企业扩张做好人才储备。

2.3 成熟期

合理分配股权稳定军心。

企业发展到成熟期，此时企业已有能力回馈员工，此时导入股权激励制度，让企业变得更有人情味，有利于稳定员工，促进企业的可持续发展。

三 股权激励怎么做——七定五法

3.1 方案怎么做——七定

1. 定　对　象

非上市公司的股权激励对象选择不受法律约束，因此，在确定激励对象时灵活性很高。即便如此，公司做股权激励方案时通常选择的激励对象为公司的核心人才。比如，核心管理团队、核心技术人员、核心业务人员、核心资源拥有者。

如何判断是否核心？大致可以从岗位价值、历史贡献、被取代程度角度进行考核。

2. 定　模　式

股权激励工具主要有三种模式：实际股权、虚拟股权、期权，三种工具优缺点各不相同。具体选择哪种激励模式，应综合考虑激励目的、激励对象、激励成本以及未来资本运作需求。三种激励工具对比见表 3-1。

表 3-1 3 类股权激励工具对比

（避坑妙招 12：巧用、并用激励工具，避免一做股权激励就死）

序号	模式	权利	优点	缺点
1	实际股权	所有权，能分红、转让、继承、表决	归属感强，属于长期激励	手续复杂、变通性差（需工商注册）
2	虚拟股权	分红权及部分增值权	可形成多种解决方案，易操作和控制	激励力度和企业归属感不够
3	期权	可期待的选择权（购买公司流通股票的权利）	激励成本低，绑定时间长	激励作用视公司发展情况而定

3. 定　数　量

一是要确定激励总量。主要考虑以下几个条件：

- 考虑大股东的控制权、公司稳定性。
- 考虑企业规模大小、业绩目标的设立（需要多大的激励额度）。
- 考虑动态股权激励，不要一次性分配，为未来发展留余地。
- 业界通常的比例：10%~30%，若考虑 IPO，受上市监管，企业推出的股权激励计划不得超过总股本的 10%。

二是要确定激励对象个量。主要考虑因素：

- 职级、职位、工龄、贡献、薪酬、公司发展阶段、行业特点。

4. 定　来　源

（1）主要来源

期权池：在前提股权设计中，预留用于股权激励的期权池。

股权转让：总股本不变，原有股东向激励对象转让一部分股权。

增资扩股：总股本增加，企业向激励对象发行股份，老股东所持比例相应下降。

回购股份：回购离职员工股份，重新授予其他员工。

（2）“做加法”或者“做减法”

做加法：假设公司原有股份 10000 股，要给张三 100 股，则在 10000 股的基础上增加 100 股，总股数变成 10100 股，以此类推。

做减法：假设公司有 100% 的股份，给了张三 5%，还剩 95%；之后又给了李四 5%，……以此类推，可分配的股份越来越少，能激励的人非常有限。

要想使股权激励长期有效，一定要“做加法”。

5. 定　条　件

一是授予条件，指激励对象获得期权需满足的条件。主要考察激励对象的业绩达成情况以及是否存在违规行为。

例如，股权激励实施之日至行权生效期间，激励对象每一年的绩效考核需要在 B+ 以上。

二是行权条件，指激励对象行权时需要满足的条件。除了激励对方自身需要满足的条件外，还要公司主体资格符合要求。

例如，最近一个会计年度财务会计报告被注册会计师出具否定意见或者无法表示意见的审计报告，这样的审计报告结果就代表公司无权行使股权激励。

6. 定　价　格

定价决定着激励对象获得公司股权的成本，直接决定着激励对象的参与意愿，同时也决定着激励对象未来的收益，在激励计划中是非常重要的问题。

定价参考的标准主要有：公司注册资本金、净资产、当期估值，价格的确定是在零和市价之间找激励与约束的平衡点。需把握的两个原则：

- 同批次，同价格。
- 后续批次价格高于前批次。

7. 定　机　制

对于股权激励，应该“进入有条件，退出有机制”，享受股权激励不是一劳永逸的福利。为了保证股权激励方案的有效实施，同时还应该制定相应管理机制，主要包括：

- 股权激励计划的管理机制。
- 股权激励计划的调整机制。
- 股权激励计划的修改机制。

- 股权激励计划的终止机制。

3.2

如何落地——五法

1. “短期激励 + 长期激励”——因人制宜

短期：短期激励机制包括基本工资、法定福利和补充福利。

长期：长期激励机制是使用股权激励工具，深度捆绑员工与公司，最终共同将公司发展到新的高度。

- 是否每个员工都需要给股权才可以促成主人翁精神的实现呢？答案是否定的。

- 对于基层年轻员工而言，改善生活是当务之急，他们需要更多现金支付房租和水电费、去买房和结婚，给股权不如加点工资来得立竿见影。

2. “虚拟股 + 实际股 + 期权”组合——实现激励效果最优化

企业在实际设计及落实股权激励方案的过程中，往往会遇到一种模式不能满足全部被激励对象需求的现实状况，很可能需要采用几种模式的组合。一般来说，创业团队的股权激励方案设计，最好采用“虚拟股＋实际股＋期权”的模式。

“虚拟股＋实际股＋期权”的优点：多层次、兼顾短期激励和长期激励计划，实现激励效果最优化。

具体操作：

- 首先，选定对企业的历史发展具有突出贡献以及为企业现阶段发展创造更高价值的人员作为虚拟股适用者。以一个自然年为激励周期，给予被选定对象名义上的股东身份，在年底分红时与股东一起分享公司股权红利。并在期满后按业绩评定结果进行调整。

- 其次，在自愿购买原则的前提下，由员工出资购买公司实股，让员工主动参与到公司运行中来，并分享公司的成长价值。

- 最后，对一部分高管和核心骨干另出台股份期权激励方案。

3. 超额利润激励法——发挥最大主观能动性

超额利润激励法的优点：对企业没有任何伤害，且能更快调动激励对象的积极性。

具体操作：

- 基础版：例如，设定目标利润为 1000 万元，完成目标利润 1000 万元之外，超额完成部分按 15% 分享给激励对象。
- 升级版：例如，设定目标利润为 1000 万元，完成目标利润 1000 万元之外，超额完成 10% 以内，超额部分按 15% 分享给激励对象；超额完成 10% 以上的部分，按 18% 分享给激励对象。

4. 在职分红：对岗不对人——散财不散股

员工在职时可以分红，离职就没有分红权。是企业使用最广泛的激励方法。

股权激励只能面向未来，如果企业的股份越分越少，就失去了未来激励员工的资源。

所以，针对离职员工，需要通过机制的设置，把股权收回来，然后再重新分配给这个岗位其他的人员，做到“人走股留待下任”。

5. 与人力资源激励相结合

股权激励并不是万能的，股权激励达到预期效果本身需要企业具有良好的基本面、优秀的商业模式、成长力强劲等前提条件，还需要激励方案接地气易于操作，更需要优秀的执行团队，将股权激励方案不打折扣地执行到位。

然而，实践中，“一做股权激励就死”的公司并不少见，究其原因，与除了“公司具备前提条件 + 好的方案 + 优秀的执行”三缺一之外，老板对股权激励预期太高甚至孤注一掷不无关系。激励需要多元化，单靠股权激励不足以应付激励的人才竞争和商业竞争。股权激励需要同公司现有的包括薪酬、绩效、奖金、福利等在内的中短期激励进行有效对接，与人力资源管理体系、薪酬体系、福利体系和相应的考核机制相结合。

四 股权激励的风险规避

4.1 效力问题

1. 激励方案的法律效力

企业设计的股权激励方案，在法律上是否生效，主要有以下衡量要素。

（1）是否需经全体股东签字同意？

比如：股权激励方案经半数以上股东同意，但未经公司盖章，如果未同意的股东不进行追认，视为不生效。

（2）是否经过股东会决议？

比如：公司经理人替激励对象代持，未经股东（大）会决议许可，此类操作方式涉嫌职务侵占。

（3）是否符合其他失效条件?

比如：被收购，那么股权激励的前提条件就失效了。

2. 激励对象离职违约条款的效力

条款：若被激励对象离职，或因其他个人原因解除劳动合同，公司有权强制收回股权，并要求被激励对象返还分红。

效力：司法实践中认为合法有效。

要点：有收回条款按条款执行，无约定不能收回；激励对象认为收回不合法，激励对象负责举证；若获得股权时出资，收回时需支付公允回购价格。

3. 违约金效力

不受劳动合同法约束，可约定违约金。

4.2 涉税问题

1. 持股方式及适用税目

员工个人直接持股：适用个人所得税，分红或转让时，按 20% 税率计算个人所得税。

通过合伙企业持股：适用个人所得税，分红时按 20% 税率计算个人所得税。

通过有限公司持股：适用企业所得税，分红时免征；转让时按 25% 计算企业所得税。

2. 纳税时点

取得现金或股权时应纳税，被授予期权时不纳税。

3. 优惠政策

递延纳税政策：取得股权激励时暂不纳税，递延至转让时纳税。

计算公式：（转让收入 – 取得成本 – 合理税费）×20%。

4.3 股权代持

1. 代持协议无效的情形

如果企业出于规避特殊身份或行业限制，以股权代持为名，行掩盖其他法律关系之实，或者以转移、隐匿财产等为目的，而选择股权代持，那么协议本身就违反了法律规定，属于无效协议。

避坑：签代持协议遵循法律法规规定，谨慎识别主体身份。

2. 名义股东风险

名义股东的风险主要包括：被追索出资；代持行为违反实际股东意愿被追偿；核心成员显名风险。

避坑：代持协议明确各方享有的权利、应承担的责任和应取得的利益。

3. 实际股东风险

实际股东的风险主要包括：名义股东拒不转交投资收益；名义股东擅自转让或质押股权；名义股东滥用股东权利。

避坑：代持协议明确各方享有的权利、应承担的责任和应取得的利益；股权代持有风险，但也有可取之处，关键在于控制风险，化弊为利。

4.4 离职员工股权回购

（1）针对特殊情况，彻底剥夺股权

针对严重违反公司纪律、有重大过失给公司带来巨大经济损失的人员。

需在前期的股权协议中明确规定。

（2）按照净资产回购股权

针对离职后与公司存在重大利益冲突的人员。

（3）按照原始投资回购

适用于和公司协商好，能好聚好散的人员。

（4）按照市场公允价格回购

适用于离职后还能和公司合平相处的核心人员。

（5）离职后继续保留股权

针对公司内部的核心人员，离职后继续为公司提供资源。

4 Chapter

创业者融资必备常识：卖股不卖身，白话打通股权融资

投资者重红利，投机者重消息。

——佚名

股权融资，是创业者心中的一根刺。赚钱的老板不缺钱，缺钱的老板不赚钱——似乎成了创业魔咒。但事实果真如此吗？创业者对待股权融资的态度，是其创业审美的投射。对于股权融资，老板要懂基础知识，对于是否用股权融资，老板要深谋远虑。一味抗拒股权融资，必然陷入坐井观天；对于股权融资的偏见，源于商业模式的缺陷。

前言

创业第四站·外联

全心投入，草莽生长，初见成效

纵情向前，谈何容易，如何壮大

没有创业者不为资金发愁，融资解决生存、发展与品牌

拿到融资不代表创业成功，融资让商业模式被市场认可

修炼融资认知，寻找发展合伙人，是成长期最重要的事

融资是企业市场化的起点，关乎商业与市场

估值是融资计划的核心点，依赖信心与策略

这一篇实用指南，帮你找准创业战略投资合伙人

本章关注：更高效、更有效找战略投资合伙人

一 为何卖股

1.1 第一层需求 · 求生存——雪中送炭，获得启动和运转的资金

资金是企业经济活动的基础，也是企业经济活动的第一推动力、持续推动力。企业能否获得稳定的资金来源，及时足额筹集到生产要素组合所需要的资金，对企业运转至关重要。“创意→项目→模型→产品→市场化”这个发展路线，没有资金支持，随时都可能终结。

1.2 第二层需求：谋发展——锦上添花，获得更高速的发展

也许自有资金足够支持项目稳健发展，那么双倍的资金

有没有可能使项目疯狂生长一回？当你还在犹疑时，你的竞争对手可能已经采用了这条策略。

扩大企业规模，扩张业务范围，无论是价格战、多板块布局还是提升企业的层次与品质等，“资产量是门槛”。

如果资金量充足，就可以设备买最先进的，工程师请最专业的，材料用最好的……就可能会产生 J 公司的产品已经得到市场验证，R 公司还在研究买二手设备对后续产品的影响有多大这样的差距。

1.3

第三层需求：创辉煌——共同富裕，获得更广泛的认可

如跨境电商企业，越是大卖家，现金流需求越是大。如果我有足够的规模、足够的资金，是否还需要别人的投资呢？

答：需要。

举例：

2020 年 SHEIN 营收近 100 亿美元（人民币超 600 亿元），

2020 年获得 10 亿美元左右的 E 轮融资，估值超过 150 亿美元。即便如此，为了在海外上市，有背景的投资机构股东仍然极其重要，比如 SHEIN 的重要股东 IDG（可以得到海外投资者的认可）。

相信多数企业最终的目标都是上市。无论是美股、港股、A 股，IPO 的过程，都是对业务合规做终极的梳理与披露。如果有成熟的投资机构作为股东，优势非常明显。

1.4 融资附加值

获取指导：如果是初创项目，投资方提供的关于产品、技术方面的专业意见，或者关于公司管理、商业模式、战略方向的经验及思考对创业公司是无价之宝，远重于钱。

获取资源：包括但不限于政府、媒体、人才、市场渠道及下一轮融资的渠道等。

二 卖给谁

2.1 从公司发展阶段出发——找会投你这个阶段的投资人 / 投资机构

公司有初始团队和初步的想法，能否实现不确定性高→找天使投资人，家人朋友。

有成型的产品和比较稳定的用户群体，需要借助外部资金进一步占据市场份额或巩固市场地位→找 VC（Vital Capacity，风险投资）。

产品具有竞争力和一定的市场地位，已经开始获得回报，出于上市或者整合产业链的考虑，需要资金获得更大的发展→找 PE（Private Equity，私募股权投资）。

2.2

从公司所处行业出发——找会投你这个领域的投资人 / 投资机构

首先，需要了解自身所处行业。其次，看投资机构简介，了解投资机构倾向的投资领域。当然，现在很多机构投资领域很宽泛，关键在于项目好不好。

2.3

从公司需求出发——找与发展规划契合的投资人 / 投资机构

可以根据公司需求，从以下几个方面考虑：

①战略性投资，可以长时间陪跑。

②国内机构相较于国外机构，要求收回资金的时间短（通常为 3~5 年），短期内 IPO（Initial Public Offerings，首次公开募股）压力大。

③政府资金，可能有政策性附加值。

三 卖什么

股权卖不卖？——卖！第一部分已经明确了。

卖多少？——不知道。

控制权卖不卖？——也能卖？不能卖！

作为创始人，诉求最多的就是公司的控制权，创始人需要掌握公司的发展方向，确保自己在公司的核心位置。因此，股权能卖，控制权不能丢。

3.1 股权控制

股权能卖，但需要掌握三条生命线——绝对控制权、相对控制权、一票否决权。

1. 绝对控制权

通常情况下，持有 66.7% 以上的股权，代表着管理层拥有了三分之二的表决权，就有了“绝对控制权”。“三分之二”的表决权，代表着管理层难以撼动的决策地位。

2. 相对控制权

如果你已经丧失了完全控股，那你必须要拥有相对控制权。拥有了51%就拥有了相对控制权。即使在公司意见不统一的情况下，也有一人可以拍板按照那个超过51%的股东意思去决策。

3. 一票否决权

与67%的绝对控制线相对应，如果某股东持有超过三分之一的股权，那么另一方就无法达到三分之二以上的表决权。那些关乎企业生死存亡的重大事宜就无法通过，这样就控制了生命线，这34%具有一票否决权，被称为安全控制权。

3.2 章程控制

公司法规定不可同股不同权，但是公司章程另有约定的除外，这就说明在公司章程里可以约定同股不同权。

简单点说，假如其他股东一股代表1票，你可以约定你的一股代表10票。

3.3 协议控制

掌握公司的控制权，可以通过签署一致行动人协议等方式实现。指公司主要股东（这些股东的股份加起来超过50%或者他们在股东会或董事会对应的投票权超过50%）通过协议等方式各方承诺在某些事情上保持一致行动。相当于抱团一致对外，确保在股权被稀释的情况下，也能牢牢把握公司的控制权。

3.4 股权布局

股权布局是综合考虑企业未来各方面后所作出的安排，是自上而下对公司整体的股权结构进行规划。股权布局是为了明确股东的权、责、利，也是股东掌握公司控制权的一种重要方式。例如刘强东的 AB 股制度，通过多层公司布局四两拨千斤，这个多适用于股份公司或上市公司。

四 如何卖

4.1 敲门砖——商业计划书 · BP 制作

1. 项目本身介绍

A. 产品：定位和痛点是什么。

B. 商业模式：怎么做，怎么盈利。

C. 竞品分析：竞争对手的优劣势。

D. 团队情况：我为什么能做好。

E. 财务数据：里程碑数据有哪些。

F. 融资规划：融资金额和融资用途。

2. 投资人权利、收益

A. 股份出让：投多少钱，换多少股。

B. 收益分配：收益分配制度。

C. 退出机制：什么情况下可以退出。

3. 闪 亮 登 场

A. 多用数据，让数据说话。

B. 配色统一、简洁大气。

C. 多图片，少文字。

D. 排版整洁精练。

4.2 如何用好敲门砖

如何寻找投资人，将你的 BP（Business Plan，商业计划书）展现给潜在投资人，最简单的方法当然是找 FA（Financial Advisor，财务顾问），如果没有合作的 FA，又将如何操作呢？

1. 列潜在投资人名单

（1）收集公开的投资人名单

收集名单不是简单地复制粘贴，需要仔细研究投资人的背景、投资人可以提供的资源、投资历史，如果发现这个投资人是你的心仪投资人，请重点圈出来。

（2）梳理背景相同的人

①**校友**：请与自己的校友常联系，很多学校都建立了创业者组织，有的还成立了专门投资校友的天使基金。

②**同职能之人**：职能相同的人对彼此的了解程度会更高，更容易产生共鸣，如果你本身具有某种具体职能，可以考虑找这一职能内优秀的人加入。

③**融资阶段相近之人**：如果你身边一位创业者刚刚经历了融资，他或许能给你提供丰富的信息、建议，或者引荐投资人给你认识。

2. 有策略地接触投资人

如果顺利的话，你的名单上已经有不少投资人的名字，那么，接下来的事情便是有策略地接触他们。

（1）制定阶段性目标，减少无用功

你的融资目的决定你接触投资人的顺序。如果目的是多

融一些钱，那么就要扩大接触投资人的范围，接触的人数越多，最终获得更多资金的可能性越大；如果目的是获得投资人背后的资源和背书，那么少数几个具有高度战略意义的投资人就够了，你需要有针对性地制定方案。

（2）找可靠的第三方推荐

对投资人来说，如果你的引荐人恰好是他的熟人，他们会更愿意投资，所以，如果你正在寻找投资人，请尽可能将信息传播到人际交往的圈子里。

——聚美优品陈欧获得徐小平的投资，就得益于他斯坦福的校友、兰亭集势创始人郭去疾的引荐。

（3）线下接触

如果有机会，可以报名参加“创业孵化器路演”这类活动，可以直接线下接触投资人，向投资人展示你的BP，增加获得投资的可能性。

（4）线上联系

天使投资人的邮箱一般都是对外公开的，投资机构也有自己的官网，会公开相对应的邮箱地址，你可以选择通过邮件直接联系陌生投资人。虽然这种联系方式的有效性不如找可靠第三方推荐，但通过这种方式拿到大笔投资的大有人在。

（5）创投微信群，发需求信息找投资人

如果你在业内有一定的名气或者影响力，通过创投微信群寻找投资也是一个有效的方法。

——你可能不知道，《大圣归来》就是依靠微信拿到 780 万元投资，才得以顺利发行。

4.3 如何避坑

投资者关心企业的价值和控制权，创业者同样关心这两方面，因此，博弈也会围绕这两方面展开。下面让你了解招式，并告诉你如何见招拆招。

1. 估　　值

（1）估值越高越好？——并不是

前期估值过高，会给后续融资造成压力，若日后降价融资，会引发投资人启用反稀释条款。

——曾几何时，R公司的期权授予协议上写的每股价格是200元，现如今，新的授予协议上价格已经变成4元。如果你是公司早期的投资方，你会愿意吗？

（2）投前估值还是投后估值？

举例说明：

①假设投资方决定对R企业注资1000万元，R企业投前估值4000万元，那么投资方股权占比：1000/（4000+1000）=20%。

②假设投资方决定对R企业注资1000万元，R企业投后估值4000万元，那么投资方股权占比：1000/4000=25%。

2. 优先清算权

优先清算权＝优先权＋分配权，简言之，我先拿走一部分，剩下的再按约定和大家一起分。

（1）优先的核心：优先回报倍数

例如，投资方A对R企业投资了1000万元，按投资款1.5倍优先分配，则优先回报为：1000万元 ×1.5=1500万元（优先回报倍数，随着融资轮次的增加，会越来越高，所以早期的回报倍数需尽量压低，一般在1.2~1.5倍）。

（2）三种类型：不参与型、参与型、附上限参与型

三种类型的划分主要区别在于分配权如何行使。

例如，投资方A对R企业投资了1000万元，占股比例20%，公司可分配净资产6000万，按投资款1.5倍优先分配。

①不参与型：A最终分配的资产总额为1000×1.5=1500万元。

②参与型：A最终分配的资产总额为1000×1.5+（6000−1000×1.5）×20%=2400万元。

③附上限参与型：假设上限条件为原始购买价格的2倍，则A最终分配的资产总额为2000万元。

3. 股 份 回 购

（1）能否避免

投资是要求有回报的，最终都要实现“退出+资本套现”。

怎么退出？

IPO：公开出售股份。

股份出售、并购、公司清算：属于清算事件，行使优先清算权。

上面几种情况都没有，投资人会要求行使回购权实现退出。

（2）常见条款

如果公司未能在投资完成后X年内实现合格IPO并上市，投资人有权要求公司或控股股东赎回全部或部分股份。赎回价格为投资金额加上每年Y%的内部回报率。

（3）谈判要点

X年：可以沟通，根据企业发展情况，争取合理的期限。

或者设定其他触发条件。

回购责任：以持有的公司股权为限。

Y%：可以博弈。

4. 反　稀　释

（1）定义

新股发行价格低于投资人注资时的投资价格，投资人有权将所持有的股票数量按照约定的方式进行调整。

（2）如何调整?

①结构性反稀释。

发生在送股、分拆、合并时——投资人按约定比例将优先股转换为普通股。

公司发行股份或增加注册资本时——投资人以同等条件优先认购

②降价融资反稀释。

投资人过去投入的资金所换取的股权全部按更低的新价格重新计算。

如果公司活不下去了，还要管股权是否稀释吗？

活下去比较重要。

5. 领　售　权

（1）定义

投资人 A 决定卖自己的股份，创始股东也要跟着卖，意味着投资人 A 可以单方决定把整个公司卖掉。

（2）谈判要点

拒绝所有股东都能单独发起领售权：需要半数以上投资人和创始股东同意。

限制领售启动时间：交割完成一定期限后，如 5 年。

领售价格：要求价格合理。

受让方限制：不能是竞争对手、基金关联方等。

6. 董事会席位

（1）给不给？

不能所有投资人要求都给，设定准入门槛——通常为持股比例。

（2）如何给?

保证你的团队占据半数以上董事会席位，拥有董事会控制权。

董事会席位最好是奇数，以免投票时陷入僵局。

7. 创始人股份限制

（1）限制的原因

保证创始团队的稳定性，也确保将创始人和公司的利益绑定在一起，以保证创始人全身心投入工作。

（2）常见条款

除非取得投资人事先书面同意，在上市或公司出售前创始人不得处置其持有的公司股权。

（3）是否接受

常规操作是接受，也表示出创始人的基本诚意。

8. 对 赌 条 款

（1）常见条款

业绩对赌（未来 3 年营收 ***，净利润 ***；也可以个性化设置，例如，制作多少品类、多少分钟动画等；跨境电商行业，营业、各渠道的商品数量、种类等达到什么要求）。

上市、并购时间对赌（3~5 年 IPO、并购等）。

（2）如何将风险控制到最小？

对赌、回购条款的风险排序：

公司回购→投资方领售权→投资方优先清算权→个人连带回购义务。

个人回购——失信被执行人【保留房产等人性化条款？真的发生了，法律上比较难以执行】。

案例 1：俏江南——对赌失败，东山再起很难。

案例 2：雷士照明——比倾家荡产更可怕的，是倾家荡产又身陷囹圄。

（3）更重要的问题是——怎样才能不对赌?

投资人钟爱对赌的原因——旱涝保收。为了降低风险，真正要做的，是避免签署对赌条款。比如说：估值合理、预期合理、让投资人相信。

5
Chapter

创业者税筹必备常识：
搞懂发票，省钱避坑不走失

要想方设法降低名义税率，提高实际征收率。

——王军

发票是反映经济业务活动的重要环节。发票贯穿在企业经营的方方面面，搞懂发票，基本搞懂了一半税务与财务的管理逻辑，而发票是中国税务征管活动的特色产物，搞懂了发票也就搞懂了税收。

发票的关键，在于证证一致、证账一致、账账一致，并须与财务报表充分勾稽，实现了解企业经营活动全貌的最终目的。

学完创业这本书，创业者变成全能选手，通晓法财税人、至诚至真致成长。

前言

创业第五站·降本增效

发票何其小，竟然值得专章讲解
发票何其大，违规受罚始于发票

少有创业者主动关注发票，却在降成本之路上蒙眼狂奔
多数企业被动学习四流一致，仍徘徊在合规大门不得入

发票是以数治税之核心，数据是企业经营的根本
搞懂发票，就是搞懂成本，就知道如何降本增效

这一篇实用指南，帮你找准创业合规合伙人

从税务合规角度为创业者降本、减负。

本章关注：读懂发票，读懂企业基建之降本增效

一
发票是什么

增值税专用发票与普通发票有何不同？

增值税专用发票可以抵扣，增值税普通发票不可以抵扣。“链条税”的特点是前环节与后环节形成一个链路，前行为与后行为能够通过合同、凭证等证明，如果存在真实交易，则可以抵扣增值税，降低成本。抵扣也就意味着存有“套利”空间。

电子发票与纸质发票有何不同？

效力相同，有电子票不用存纸质票；打印电子票归档管理，同时备存电子票。

1.1
怎样开发票

1. 原　　则

（1）大前提：按规定开票

- 发票底子硬：有无缺页、错号、发票联与发票监制章或印制不清楚。

- 操作功底好：填写项目齐全、内容真实、字迹清楚，全部联次一次复写、打印、内容完全一致。
- 检查不涂改：发票不得涂改、挖补、撕毁。
- 不可拆本用：未经批准，不得拆开整本发票使用。

禁区：未发生业务一律不准开具发票，不准买卖、转借、转让和代开发票。

（2）大前提：按规定索票

- 实买实开，是多少开多少，不可改开票内容名称、金额。
- 不可找人代开。
- 错了要重开。

2. 事务流程

前往税务机关代开发票，或者申请税盘并购置打印机，自行打印发票——如果规模大，开票需求频繁，则自行打印。如开票不频繁，代开即可。

需要保证开票信息准确，如：公司名称是否准确，深圳

市 ×× 公司还是深圳 ×× 公司，是有限公司还是有限责任公司。

3. 怎样履行纳税义务

先登记：税务登记。

再申报：按期限，走流程纳税申报，按期如数纳税。

沟通好：按要求交会计报表、凭证资料，税务机关要什么给什么不造假。

4. 对外：怎样督促合作方履行纳税义务（以发票为核心的供应商管理视角）

场景·核心供应商管理：

第一步，供应商考核，确定供应商是否为核心供应商。

第二步，取得核心供应商的关键信息（包括但不限于：财务报告、交易历史等）。

第三步，分析关键信息（包括但不仅限于：获利能力、偿债能力和营运能力，评估其财务风险和信用状况）。

第四步，协助审核合同的财务条款、资金调度安排，放

行付款信息 / 催收到期款。

第五步，复核合同中的财务条款：合同价款中注明是否包含增值税、提供发票类型、税率的要求、提供发票的时间、是一般纳税人还是小规模纳税人、加入虚开条款，明确“四流一致”（四流指合同流、物 / 服务 / 劳务流、资金流、发票流）以及发票的开具与索取方式。

第六步，持续关注供应商资信动态，及时更新商业信用档案（企业内部的征信系统），建立预警措施、防范系统风险（如供应商资金链断裂、违约成本陡增）。

→**题外话：**

A. 为何选择合作伙伴？从安全边际考虑，上市企业为优质合作伙伴。

B. 为何做供应商管理？从安全边际考虑，防范供应链现金流断裂，本企业遭殃。

C. 为何企业越大业务策略越保守，从安全边际考虑，稳比快好。

D. 财务一定要懂业务，才能守好基本盘。

5. 对内：怎样建立内部团队的发票意识

● 业务 / 法务：逐一检查关键合同要素，包括但不仅限于：合同主体的名称（姓名）、住所；标的；数量；质量（包括产品标准、验收标准、技术性规定等）；价款或者报酬；履行期限、地点和方式；违约责任；解决争议的办法等。财务收到开票申请、审查合同履行情况、满足收入确认条件则开具发票。

● 采购：收到发票后，确认资料手续齐全、信息正确、备注清晰（备注栏不可遗漏，常见为后附货物清单），章印位置准确（右下角销售单位栏）。财务审核无误后，发票入账、付款审批、打款确认。

6. 怎样管理发票（重点在财务管理与检查）

常规做法包括：

建台账：管理合同中的财务条款、跟踪催款与开票进度、遇到推迟付款则需签补充协议并按新合同约定开票。

勤沟通：逾期账款尽早催回，有票开票 / 收票，无票收入纳税申报。

区分计税方式：简易计税项目，依据扣除金额后的差额预交增值税，需要及时清理结算金额并取得发票，避免后期无法差额抵减而导致预缴金额过大；采取一般计税的项目，按照差额预缴比例后申报补税，同样需要及时取得发票和相关进项税发票，避免前期缴纳金额过大后期税额大量留抵风险。

7. 示　　例

表 5-1 展示了跨境电商物流企业的发票对比表。

表 5–1　跨境电商物流企业发票对比

（避坑妙招 13：因业用票，省钱避坑不走失）

序号	类目	管理事项
1	应税服务	1. 是否有票 2. 是否与合同一致 3. 合同是否与业务凭证一致 4. 发票类目是否合理 5. 发票管理是否分类 6. 发票备注信息是否与业务凭证一致

续表

序号	类目	管理事项
2	应税收入	1. 是否有票 2. 是否与合同一致 3. 合同是否与业务凭证一致 4. 凭证与流水是否一致 5. 是否分别核算 6. 发票类目是否合理 7. 是否已做公允分配 8. 发票管理是否分类
3	运输费	1. 是否有票 2. 是否与合同一致 3. 合同是否与业务凭证一致 4. 发票类目是否合理 5. 发票管理是否分类 6. 发票备注信息是否与业务凭证一致
4	成品油(买了油送给其他公司,不可用)	1. 是否有票 2. 是否与正常业务消耗量一致(公司测算标准) 3. 发票信息是否与行程一致
5	通行费	1. 是否有票 2. 行车轨迹是否与行程一致、是否属于合理路线范围 3. 发票信息是否与行程一致
6	机动车销售发票(实践中这里是虚开需用的高发地)	1. 是否有票 2. 是否为本企业实际所用 3. 是否有车辆保有、报废、处置记录 4. 是否计提折旧损失 5. 是否有行车轨迹 6. 发票信息是否与行程一致

续表

序号	类目	管理事项
7	维修费发票	1. 是否有票 2. 是否为本企业车辆维修 3. 维修类目是否与实际损伤一致 4. 发票是否与实际使用情况一致
8	轮胎、零部件发票	1. 是否有票 2. 是否为本企业车辆更换配置 3. 是否与采购记录、库存清单、领用记录保持一致（内容、类目、数量、型号、信息等） 4. 发票是否与实际使用情况一致
9	委外运输	1. 货车司机是否有申请代开资格 2. 开票内容与委托代运输服务是否一致 3. 发票是否与合同一致 4. 发票是否与业务凭证一致

1.2 什么行为属于虚开发票

1. 前　　提

税法是法，违法必究；违法得举证，得有证据链。

2. 规　　定

虚开发票的主要情形有:

- 为他人、为自己开具与实际经营业务情况不符的发票。
- 让他人为自己开具与实际经营业务情况不符的发票。
- 介绍他人开具与实际经营业务情况不符的发票。

3. 实 务 场 景

- 谁与谁合作,谁为谁开票,合同是凭证,不可虚构交易。
- 一手交钱一手交货，发票的货与交易的货，是同一件（货泛指货物、劳务、服务等）。
- 合同写的货与实际交付不一致，以合同为准（这与常规的实质重于形式不同）。
- 确认营业收入时或之前，必须开票；合同没签，不可开票；签了合同暂缓合作，冲红发票。
- 换了经营主体，发票得改；判决书仲裁裁决有规定的，从其规定。
- 合作终止,发票退回；复杂情况,需咨询税务师或律师。

复盘与思考：

为何说财务活细企业盘稳？发票似引擎，失去发票支撑的业务苍白无力。

为何说财务总监是二把手、关键先生？囫囵吞枣也能过，缜密周全无后顾之忧。

为何说税务稽查不用怕？平时练好基本功，随时备查，自然无灾。

1.3

收到假发票，怎么做

1. 逻　辑

买了不合法的专用发票：主动买的假票，未用的打报告并销毁，用了的汇报后按规定补税。

拿了不合规的票，分类处理不用怕：

表面虚假：货不对板（品名 / 数量 / 价格 / 业务），倒查发票及原始凭证，核对更正。

实质虚假：虚开与业务不符发票，则据实开票，合规会计凭证的内控流程。

2. 会 计 凭 证

原始凭证：不真实不合法的凭证不接受，向上汇报；不准确不完整的凭证要退回，自我纠偏。

记账凭证：要编制、须过审，有原始凭证。

3. 纠正与预防

证证相符：原始凭证与记账凭证相符。

及时开票：根据记账凭证核对与反馈。

建立台账：账物相符、账款相符；记录核对；证票一致。

发票接收：真实就收、虚假就退、重新开票。

依据上述方法，建立审核机制，并动态管理与调整。

1.4 为什么造假，两套账是怎么回事

1. 前　　提

退税、抵扣税、返还税、减征免征背后有套利空间，诱惑违法与犯罪。

2. 实　　务

成因（以跨境电商的物流企业为例）：

- 选错了应税项目：交通运输服务，税率 9%；装卸、搬运、仓储、派送，一般计税法税率 6%，简易计税法税率 3%——为了少缴税，从低适用。
- 算错了应税金额：物流公司卖服务、还卖货、还提供技术服务，应该分类目适用不同税率核算销售额；未分别核算，从高适用税率。
- 确认收入未开票：至迟确认收入时开票，没开票，无法做收入，无法记账。

- 备注出错无法抵扣：合同约定要写信息，类目约定要列明细，发票详细清单信息，否则可能无法抵扣。
- 不管不顾就是虚开：没有合作往来偏要开票，或开了不是公司业务范围的票，构成违法，情节严重可能构成犯罪，追究刑事责任。

1.5

被税局 / 公安局稽查了，怎么做

1. 前　　提

税法是法，该法则罚；偷逃漏抗骗，差别大了。

2. 定　　义

表 5-2 为基础概念辨析之税收优惠政策对比表。

表 5-2 税收优惠政策对比

（避坑妙招 14：一字之差，税负大差，细节是魔鬼）

序号	术语	概念
1	免征	个税（福利、抚恤、救济、退役退休、保险赔款等） 企业所得税（国债、股利、非营利组织收入等） 车船税（捕捞、养殖、军队武警专用车船等）
2	减征	个税（残疾、孤老、烈属） 车船税（新能、节能、灾害，按规定） 企业所得税（重点扶持、技术转让、农林牧渔）
3	抵免	个人境外所得可从应纳税中抵免（需满足条件）
4	不征税	财政拨款、政府性基金
5	加计扣除	企业所得税（研发 + 工资）
6	公益捐赠扣除	企业所得税（年利润总额 12% 以内）
7	创业投资企业抵扣	企业所得税（重点扶持和鼓励的创业投资，按一定比例抵扣）鼓励支持引导的钱

表 5-3 为基础概念辨析之税务处罚对比表。

表 5-3　税务处罚对比

（避坑妙招 15：一字之差，惩罚大差，违规闯大祸）

<table>
<tr><th>序号</th><th>词语</th><th>概念</th><th>处罚</th><th>具体现象</th></tr>
<tr><td>1</td><td>偷税</td><td rowspan="2">纳税人伪造、变造、隐匿、擅自销毁账簿、记账凭证，或者在账簿上多列支出或者不列、少列收入，或者经税务机关通知申报而拒不申报或者进行虚假的纳税申报，不缴或者少缴应纳税款的（该概念已被逃税所取代），欺骗、隐瞒，虚假申报或不申报</td><td>追缴其不缴或者少缴的税款、滞纳金百分之五十以上五倍以下的罚款构成犯罪的，依法追究刑事责任 3 年以下、3~7 年</td><td>烧账本</td></tr>
<tr><td>2</td><td>逃税</td><td>逃避缴纳税款金额非常高，只要积极补缴应纳税款，缴纳滞纳金，已受行政处罚的，免于刑事处罚；五年内因逃避缴纳税款受过刑事处罚或者被税务机关给予二次以上行政处罚的除外</td><td>/</td></tr>
<tr><td>3</td><td>漏税</td><td>无意发生的少缴漏缴行为</td><td>补缴税款 + 滞纳金</td><td>少报税</td></tr>
<tr><td>4</td><td>抗税</td><td>手段最恶劣，情节最严重，影响最坏，以暴力、威胁方法拒不缴纳税款</td><td>追缴税款、滞纳金 +1~5 倍罚款，情节严重追究刑事责任</td><td>/</td></tr>
<tr><td>5</td><td>骗税</td><td>骗取出口退税</td><td>追缴税款 +1~5 倍罚款，情节严重追究刑事责任</td><td>配单配票</td></tr>
</table>

续表

序号	词语	概念	处罚	具体现象
6	虚开增值税专用发票罪	规模大、金额大、流窜作案、与多种经济犯罪相结合	符合虚开增值税专用发票的行为,达到一定金额,构成犯罪(1万元以上)	空壳企业、走逃失联开企业进行虚假纳税申报或不进行申报简单粗暴地对外虚开

3. 应　　对

两部门：税务机关的行政检查为保障税收，稽查是常事。公安机关通常侦办经济犯罪。

● 客观情况如实告知：每一句都是呈堂证供（是否签了合同、有没有履约、是否应当支付/已经支付、货物劳务服务是否交付/怎样交付）。

● 定性问题谨慎回答：有无虚开、资金往来是否合规（开票费或资金回流）、有无伪造印章/签名/指模、是否假合作真开票。

● 别当自己的法官：虚开了虚报了，别自己给自己打标签定罪，让子弹飞一会儿让税务评判。

● 被误判不用怕：税务也是人，错了就问明，拿证据好好说话；实在不行这样做：

对是否纳税、纳多少税不服，先找纳税＋缴纳滞纳金或提供担保，向上一级税务机关申请行政复议，复议结果仍不服，向法院起诉。

对税务机关的处罚决定、强制执行措施、税收保全措施不服的，可以复议、也可以直接起诉，超期不处理，税务机关可以强制执行或申请法院强制实行。

二 税务合规误区

2.1 四流不一不一定是虚开

1. 原　　则

合同流、资金流、货物/劳务/服务流与发票流一致，避免虚开。

2. 例　　外

四流不一并非绝对虚开：

法律实质重于经济实质（区别于会计中的实质重于形式原则）。

不轻易定性（遵循谨慎性原则）。

例如，总分公司，统一付款、分开发货行为不属于虚开。委托付款、债务抵销也不属于虚开。

实务案例：

国税函［2006］1211 号——对诺基亚各分公司购买货物从供应商取得的增值税专用发票，由总公司统一支付货款，造成购进货物的实际付款单位与发票上注明的购货单位名称不一致的，不属于虚开增值税发票。

2.2 内容不明非虚开

1. 原　则

合作合同与发票流一致，避免虚开。

2. 例　外

（1）约定笼统不能行

常见场景 1：行政人员采购了办公用品、劳保用品，由于数量多、内容杂，商行老板开了票，但笼统写了“材料一批”，则发票不能抵扣，应要求不开或退回。

那应怎么做？应开具销售清单，在清单上加盖发票专用章。

（2）对开发票要禁止

常见场景 2：采购方不想买了要退货，票开好了，常规操作是开红字发票，为了省事，采购方再开新销售发票，卖回给原厂商。以为“金蚕脱壳”，实际是违法行为。

三

新兴行业的税务与财务建议

3.1 红人主播为什么会被认定逃税

这类案例，怎样与发票勾稽起来呢？发票反映企业真实经营活动，记录现金运动的情况。如果网红主播带货时，实际经营并未放在上海崇明岛，则所有的合同、资金、发票、劳务/服务/货物，都无法体现“四流合一”，也就意味着经营活动存在虚开发票情形、存在逃税的可能性，税务稽查时会纳入考量并处罚。

过去，利用较多个人独资企业开展税务策划，一家个人独资企业，最多可“逃避”税收达到450万元，大家可以参考表5-4。但请切勿模仿，这已经是过去式！！

表 5-4　失效的个人独资企业节税表

（避坑妙招 16：个人独资企业节税已是昨日黄花）

<table>
<tr><th rowspan="2">金额</th><th rowspan="2">税种</th><th colspan="2">节税前</th><th colspan="3">个独（核定征收 10%）</th></tr>
<tr><th>税率</th><th>税费（万）</th><th>税率</th><th>税费（万）</th><th>节税比例</th></tr>
<tr><td rowspan="12">500</td><td>增值税</td><td>13%</td><td>65</td><td>1%</td><td>5</td><td rowspan="6">93.41%</td></tr>
<tr><td>附加税</td><td>10%</td><td>6.5</td><td>0.10%</td><td>1.5</td></tr>
<tr><td>企业所得税</td><td>25%</td><td>107.1</td><td>0%</td><td>0</td></tr>
<tr><td>个人经营所得税</td><td>20%</td><td>64.3</td><td>2.10%</td><td>6.2</td></tr>
<tr><td>综合税率</td><td colspan="2">48.58%</td><td colspan="2">3.20%</td></tr>
<tr><td>合计税费</td><td colspan="2">242.9</td><td colspan="2">16.2</td></tr>
<tr><td>开票类型</td><td colspan="2">专、普</td><td colspan="3">1 % 专、普</td></tr>
<tr><td>提供人员</td><td colspan="2">/</td><td colspan="3">1 人</td></tr>
<tr><td>提供人员身份</td><td colspan="2" rowspan="3">/</td><td colspan="3">不能是法人或直系亲属或公司股东及全体公司员工</td></tr>
<tr><td>提现时间</td><td colspan="3">随时</td></tr>
<tr><td>开票时间</td><td colspan="3">随时</td></tr>
<tr><td>开票额度</td><td colspan="2">/</td><td colspan="3">450 万 / 年</td></tr>
<tr><td>备注</td><td colspan="6">一家个独企业可以帮客户解决 450 万的节税问题</td></tr>
</table>

3.2 普通小主播为什么可能逃税

1. 从劳动关系的角度展开

法律关系：主播与平台的合同关系，是劳动合同、劳务合同，还是服务合同，对应的所得与计税标准不同。

- 劳动合同，是主播与卖货厂商签订，由厂商为主播支付工资，由厂商与平台签订服务合同、支付结算相关佣金。
- 劳务合同，由劳务派遣公司与主播签订劳务派遣协议，由卖货厂商与劳务派遣公司签订外包服务协议，实际支付，存在厂商向劳务派遣公司支付、劳务派遣公司向主播结算所得的情形，也存在卖货厂商直接联系主播结算劳务所得情形，针对两种情况，需要结合两类公司的报税操作。
- 服务合同，由卖货厂商与 MCN（Multi-Channel Network，多频道网络，多指中介机构）机构签订服务合同，主播作为 MCN 机构公司的员工卖货，主播拿的是工资，MCN 与厂商结算的是服务费。

不同形式其纳税适用条例不同，不可一概而论，而确定了适用关系，亦能确定交税类目，有纳税适用条例可依。

2. 从税法的角度展开

主播直播，涉及的收入类别有哪些，分别如何计税？

- 主播单打独斗，以个人名义交税：卖货、打赏、广告费，坑位费，股东分红，通常属于个人综合所得，一般计个人所得税。

- 主播与平台合作，以打赏为主要盈利模式，如斗鱼，虎牙等平台。直播打赏作为盈利模式，结算形式为平台对接个人，主播取得的打赏收入是以劳务报酬所得按照综合薪金的3%~45%缴纳个人所得税，平台代为缴纳税收、合规后发放。

3. 主播直播带货，应该如何计征税收收入

- 主播是工具人，在平台上直播带货：

存在中间商MCN机构或代理机构，则按双方法律关系结算，如主播与MCN机构为劳动合同关系，则正常计算工资、按对应档位缴纳个人所得税；MCN机构、平台缴纳企业所得税。

- 主播直接以个人名义带货：

不存在中间商，主播是个人、个体户、个人独资企业、个人独自公司、有限责任公司，每一类税收标准均不相同，需要单独列举，适用不同比例。如为公司，小规模纳税人与一般纳税人，在开具发票时，税收优惠政策不同。对于不同行业，由于存在征税种类的不同，国税与地税的征收存在差异，这也就是所谓税收洼地的由来。而地区与地区间税收政策的不同，催生地区对地区的税收收入掠夺，也伴随着税收征管与税务稽查。

3.3

虚假繁荣：人工干预订单的税务处理

真实场景：

电商企业通过各类方式干预订单、人工增长订单，这部分收入怎么认定、怎么开票？

如列入真实收入，则需要举出真实收入的凭证，如合同、发票、往来记录等，如不能举证，可能会按照经营额统一计征。

实务案例：

卖手机，6000 元一台，流水金额大，实际净利润每台 200~300 元，未合规前都是走个人卡结算，至多注册个体户以方便开店，实际亦并未交税。税局查办时，未有合规经营的痕迹，如不能举出证据证明实际收入情况、合法经营的纳税现状，可能出现的处罚为：按照 6000 元销售额计税。如果销售 10 台，尚能负担，如果销量是 1 万台，需要补缴的税款数额就较为“感人”了。

3.4 逃税→补税→免予刑事处罚的逻辑与推演

为何需要补税？免予刑事处罚？还原一个真实的逃税场景，通常逻辑如下：

劳务收入转化为个人独资企业的企业收入，明星成立工作室、以工作室名义接单。

A. 劳务收入按个人所得交 20%，至多 40%，按收入阶梯式增长，通常明星一次性劳务所得较高，税率达到 40%；个人独资企业的核定征收，税率可能低于 5%，个独风头无两。

B. 个人劳务转为个人独资企业的收入并核定征收，以较低收入完税，便会暴露问题。

C. 个人独资企业什么情况下可以核定征收？什么时候查账征收（收入、成本、利润表）？有正常经营，有真实凭证即可核定征收。现实中，大量个体户、夫妻店，无法请会计、不会做利润表，算账无法算清楚账，税务局便采取核定征收方式，简化计征。核定的条件适用对象通常为夫妻店或者小商贩，而非网红或明星。几千万、几个亿的账面收入，明星会请不起会计？这也就意味核定征收政策可能被滥用，税务机关有理由推测存在逃税的可能性。

所以，问题还是同样的问题。发票能与实际经营的业务一致吗？税务合规，通常以凭证为基石，失去凭证的税务安排，会滋生较多问题，引发系统性风险。

四 复杂行业的税务与财务建议

4.1 一个建筑行业的常规操作案例

- 房地产公司与劳务派遣公司签订劳务分包合同，含3%增值税专票。
- 房地产公司支出劳务费用，公转公，取得3%增值税专票。
- 劳务派遣公司扣除税点、成本费用，公转私，将劳务支出转给开发商老板私卡。
- 房地产公司为施工人开工资卡，老板私转私付工资。
- 劳务派遣公司虚列民工工资单做成本，涉嫌虚开增值税专用发票。

那么，房地产开发行业，开发商与施工人之间，究竟是何关系？

4.2

正确做法是什么

1. 转包给企业主体

①**定合同**：房地产开发商分包给劳务派遣公司，签订劳务派遣合同，确定“劳务工资结算和支付发放办法”：

如约定开发商或劳派公司代发工资，则每月按照工资发放流程发工资（核算工资、制作工资条、签收工资条、转账付款）。

如约定开发商向劳务派遣公司结算劳务费用，公转公转出，则劳务派遣公司直接发工资给施工人；劳务公司开票，备注“含总包企业支付农民工工资 ×× 元”总包，或专业分包方将银行盖章的农民工资发放流水单交给劳务公司，劳务公司将该银行盖章的农民工资发放流水单与增值税发票存根联一同装订备查。

②**定发票**：3% 税率发票。

③**走备案**：合同再国税、地税备案。

④**定管理**：考勤记录表、信息记录表、工资清单 / 签名管

理、劳务合同管理。

2. 转包给包工头

定合同：房地产开发商分包给包工头，签订承揽合同，确定“出工出料”“承包方式为包工头承包、开发商担责”“经营所得：按包工头上交管理费之后，所得归包工头”“开发商承担纳税义务”“包工头不得代开增值税专票”。

6

Chapter

创业合规必备常识：

节税与合规，两手抓两手稳

世界上只有两件事不可避免，一是死亡，二是税收。

——本杰明·富兰克林

节税思维是创业者必备的思维。通过合法税务安排取得较高的收入，一边省钱、避坑，一边避免税务违规、违法或犯罪，以终为始做规划。从税务合规角度为创业企业增效、增值，从不是梦想，而是一定可以实现的目标。譬如，上市被视作顶级的税务策划工具，为什么？比起令创业者头疼的不知道如何应对税务稽查，税务策划的投资回报实在是高。

前言

创业第六站·基建

税务合规元年，或忙着补缴，或忙着合规
税务切肤之痛背后，是商业模式是否成立

赚不赚钱，是否赚钱，得弄明白
赚多少钱，赚多久钱，得算清楚

掌门不利，是高悬创业者头顶的达摩克利斯之剑
创业者是领头羊不能偏航，厘清财税护卫基本盘

这一篇实用指南，帮你找准创业税务合伙人

本章关注：税务策划名正言顺，精益经营不是梦

一

税法概念与税收征管理念概览

先厘清这几组概念：

● 以数治税：财务、税务与三方数据融会贯通，识别企业税务风险，帮助企业合规。

● 以票控税：通过发票约束、监督和控制纳税行为，疏通税收漏洞、增加税收收入。

● 金税四期工程：全面交换、监控税务与非税数据，自动提取、计算税额、生成申报。

表 6-1 是一份针对创业企业、创业者涉及的常规税目列表：

表 6-1　主要税种对比

（避坑妙招 17：税种划分如同业务划分，读懂逻辑能省钱）

序号	税制	税种	计征方法	应用特点
1	流转税制	增值税、消费税、关税	增值税 = 当期销项税额 − 当期进项税额 消费税：从价定率、从量定额、复合计税 关税：从价税、从量税、复合税、滑准税	1. 是否四流一致 2. 区分小规模与一般纳税人 3. 区分不同年份不同时间段 4. 区分一般计税法与简易计税法 5. 区分特殊情况与一般应用
2	所得税制	企业所得税、个人所得税	企业所得税：基本税率 25%，15% 和 10% 低税率，查实 / 核定（极难符合资格） 个人所得税：九级	1. 谁该被征税 2. 该征什么税 3. 是否有优惠、减免、返还 4. 是否符合优惠政策
3	财产行为税	房产税、车船税、印花税等	房产税：从价、从租、4% 固定税率 车船：分类 印花：按类固定税率	1. 种类较多，不做具体展开 2. 具体情况具体分析

二 常见的逃税形式

逃税、漏税、抗税、骗税，主观恶意不同，处罚规则也不同。主动违法与被动违法，企业受到的处罚并不相同。针对逃税等情况，通常面临两种处罚：税务机关开罚单，是行政处罚；公安机关开拘留证、逮捕证，是刑事追责。两者界限因具体涉案情形不同而有不明。

2.1 买卖或虚开发票

1. 买卖发票

目的：利用增值税专用发票可以抵扣的链条税特点，找发票、买发票。

暴露：这类违规操作案发于金税四期的征询，税局查询到开票企业未交税，关联到开票企业，提示该企业存在涉税风险。

2. 虚 开 发 票

目的：为了少交增值税、少交企业所得税，虚开增值税专用发票；为了少交企业所得税，虚开增值税普通发票。

形式：财务报表中有收入，但是没有成本，怎么享受抵扣政策？自己虚开增值税专用发票，或者委托关联公司、上下游公司开票，或者委托不相关公司虚开发票做账。

暴露：税务稽查，或者税局大数据分析。

2.2 虚增成本或利润

1. 虚 增 成 本

目的：做空公司，实现降低利润率，损害公司所有者、债权人、员工或社会公众等利益。

形式：可能虚假交易、虚开发票、转移利润；多列成本提高售价；虚报优惠。

暴露：常见于上市公司，基于信息披露规则，为避免三年利润不达标的退市风险，降低成本、达成利润指标。

2. 虚增利润

目的：为业绩打激素，以使其符合特定目标，避免出现影响企业整体发展的情形。

形式：利润率长期稳定、低利润却大扩张、规模与数据不符。

暴露：常见于拟上市公司、上市公司，为实现上市或留市目的，营造三年利润达标假象，虚增利润。

特别关注：虚增利润并不影响税收，实际是多交了税，但是违反《会计法》及相关准则。这里提出，主要为大家理解之便宜。

2.3 强行关联

1. 无关企业 / 无关业务

目的：财务能力薄弱，为了逃税，采用无实际业务场景的关联交易。

形式：互联网公司采购一大宗农产品，诸如此类；或并无交易，转化为劳务用工。

暴露：业务无关联度、发票内容与范围无关或不相符合。

2. 无关支出 / 费用

目的：要么年底拿票凑成本、要么公司账没记好要补票、要么实在要抵扣但没票。

形式：多列成本，如员工工资突然变多了，突然多了很多亲戚员工，发工资但不购买社保的僵尸账户，老板太太买了个奢侈品也来报账，公司没有厨房却多了厨师，私费公报，家用品也来公司报销。

暴露：账本经不起查、经不起看，账账不符、账证不符、票证不符。

2.4 财报造假（上市公司高发）

目的：三年利润目标，如无法达成，则面临退市风险。

形式：通过虚开发票、虚增利润、虚构交易，多种造假工具混用，一举多得。

暴露：被证监会、学者、独立董事或股东等质疑、追责；面临诉讼或仲裁纠纷，需要披露公司财报信息等情形时东窗事发。

2.5 大而不倒，税责难逃

目的：转移利润，骗取补贴，套现收益，取得更多分红。

形式：银行、账务勾稽，不开发票、收现金、阴阳合同、收入记预收、成本不要发票；也有一类企业，大而不倒，多见于知名但业务萎缩的企业。

暴露：被追查利润究竟去哪里？说不清道不明，陷入只能通过财报粉饰的死循环。

三 常见的稽查方法（财报视角）

以财务报表透视，针对企业税务合规，常见的稽查方法无外乎下述5种，也称5个关键指标，这类指标是否能做到数、税、票、证一致，决定稽查是否过关。

3.1 税务局稽查常用5法

1. 成本倒推法

通常情况，企业的经营情况企业最清楚，如不做规范管理，外界对企业的了解，多是盲人摸象，极难管窥企业的冰山一角。税务机关怎样查异常经营企业呢?

成本倒推法：数据比三家，看看其他同业友商情况，调取其经营情况，核算其报税成本，如员工坪效、电费用量、员工与社保情况、场地租金等，倒推出该企业的实际经营成本，通过算法反查企业情形，这也是成本倒推法的精髓。

2. 存货盘查法

企业的报表完善，但是总感觉企业的账存疑，税局可能如何比对呢？以工贸一体企业为例，货物需入库，入库有凭证，先追溯出入库单据是否一致；库存管理有台账有报表，需要列明账面金额与实际金额是否一致，是否存在错算、漏算、虚报、隐藏等异常情形；追溯到采购环节，将原材料购进数量与在库库存、领用数量测算、核数等。

3. 现金账户盘查法

通常，企业的对公账户分为基本户与一般户，开设基本户，才有可能设立一般户，基本户异常，会影响一般户的使用。在企业欠缺规范时如在初创期，企业老板、财务的个人账户也通常作为收付款账户。税务机关通过盘查公户、私人账户的流水流向，勾稽银行与资金信息，盘查公司经营情况。

4. 往来款排查法

抽取几个主要项目具体展开：

- 预收款：收了钱但记账挂预收，不交税，挂账大于本年或未来几年收入；预收减少但收入并无增加，该确认收入但并未确认收入，无法追踪收入去处。
- 应付款：长期不还，列支在成本项，但并未足额交税。
- 应收款：虚构交易、买卖发票。
- 其他重要科目，藏匿较多往来科目与项目。

5. 重点关注：无偿不做收入

集团公司往来，要不要交税？要交，但是不可作为收入部分列入报表。如分红，则该缴纳的所得税还得缴纳；通常存在一个情形，公司股东与公司存有债权债务关系，使得自然人的钱与法人的钱理不清，如出现未及时还款或者借款未真正用于企业生产经营的情形，个人借钱可能被认定为视同销售，需要确认收入，由此存在查税时被处罚的情形。创业者如确实有必要借款给企业度过困难期，合同、备注、款项列支、实际使用以及账务记录，均需要做到一致，并且有根据，避免违法或犯罪。

视同销售（非货物劳务服务，但有销售属性）是会计中常用的术语，可以将相关收入列明为视同销售情况，但虚假的视同销售，会引起大量的成本、收入异常，也出现虽然是赠送，但也要视同销售的情形。

另外，如不用财务报表视角，就回归以票控税的核心——四流一致，也就是企业的发票流、货物 / 劳务 / 服务、合同流与现金流完全吻合，账账一致、票证一致、原始与会计凭证相符。

3.2 税务被查，正确应对

虽是老生常谈，还是再次提出：

客观情况如实告知。定性问题谨慎答复。出现问题不用害怕。

行政复议与诉讼：

①对是否纳税、纳多少税不服，先缴纳滞纳金或提供担保，再向上一级税务机关申请行政复议，复议结果仍不服，向法院起诉。

②对税务机关的处罚决定、强制执行措施、税收保全措施不服的，可以复议、也可以直接起诉，超期不处理，税务机关可以强制执行或申请法院强制实行。

四 节税的合规应用

4.1 节税是盘棋，5 步能走好

1. 定 目 标

节税应定目标，制定企业年度经营目标之后，为企业今年的节税设定具体目标，例如，企业旗下存有小微企业，则以企业所得税优惠税率政策为目标，至少应达成：应纳税额不超过 300 万元，从业人数不超过 300 人，资产总额不超过 5000 万元。根据政策的调整与变动，实时调节年度税务规划目标与行动计划。

2. 定 全 局

节税方案的原则是：整体筹划，综合衡量；整体税负最轻、长期税负最轻。

制定节税方案时，不能只把大头盯在增值税、所得税之上。要注意增值税、企业所得税、印花税此消彼长，一边降了另一边可能增了，全局的税收安排策略至关重要，避免顾此失彼、此消彼长、前轻后重。

3. 往　回　看

企业必须具备前瞻思维，税不是财务算出来，是经济业务发生形成的，需要有积累有沉淀。刚申请的企业，税收未达标、利润未达标、交易事项未达标，如何通过认定国家高新技术企业享受减征企业所得税的优惠政策呢？税收也是企业经营的反应。

业务一旦形成，便会触发纳税义务：税务策划不是针对历史发生的经营活动，而是对现在、对未来进行规划，避免涉税隐患和风险；对于已发生事项、积极沟通与补缴认罚应并重并举。

4. 微　创　新

创新的前提是：不踩法定红线。最近我们在研究一些较为流行的税务策划方案时，看到一些描述：假定税务稽查不会针对某类业务进行排查，而实际情况是，这类业务是否排查并非由经验或历史确定，而是由现状和趋势决定。改变模式、改变思想，在税务策划中像正确的废话，实际与业务场景挂钩，是有可能实现节税目标的。

举个例子：非公益性赞助不允许所得税税前扣除，但广告性质的赞助是允许扣除、增加广告活动达到扣税目标，由内部专业财务辅导落地此类执行，便能实现节税目标。

5. 投　产　比

为了节税而节税，最终并未节税，反而因为不符合财务票证一致等目标，最终导致补缴的罚款或滞纳金反而比应缴税款更高，创业者在算清楚账务后，应该测算投产比，策划省时、精准、高效节税的方案，而不能以节税为经营指标指导企业经营与管理。

4.2 节税能增值，萃取 3 价值

1. 降本增效、增产壮大

降低企业的涉税风险，远离虚开与阴阳合同，避免偷逃漏骗抗虚等违法与犯罪行为；把节省的税负成本，转化为企业的生产动力，提升竞争力，促进良性发展。

2. 规范经营，精益管理

节税是围绕资金运动展开的财务管理活动，税负最小化的同时，要求财务管理规范、核算准确、财务管理接地气，有依据有规范、减少不当支出。

3. 建立壁垒，找准投资方向

通常而言，特殊行业与专门生产型企业，具有税收指导性优惠政策，成为被鼓励、支持、引导的企业。企业内部的财务活动，通常分为经营、筹资与投资活动。透过政策反观

公司发展，调整业务结构、投资结构，客观符合鼓励、支持与引导的方向。

譬如，软件、集成电路企业的税收优惠与即征即退政策；缩短集成电路的折旧年限，降低成本与负担，同时亦符合高新技术企业的经营规范，一举多得。

4.3 节税案例库，12 个节税案例

税务合规、税收优惠、持续经营，这是节税的大前提，创业者切勿本末倒置。

1. 已有风险如何化解

原则：尊重历史，解决遗留问题。

（1）已有股东借款：怎么借、怎么还、是否涉及纳税？应该扣多少税？

股东尽量不向公司借款，如已借款，则应当及时归还至公司账户。

如无借款凭证与合同，到期未归还，展期后仍未归还，还款时间经过而财务报表未如实记载，则可能存在被税务机关认定为应纳税收入。实务中，曾有个人股东借款 870 万元，到期未还，两年后归还时，被认定应扣税 174 万元的案例。

税务查三年，三年内发生的借款还款，都应准确记账。另外，股东借款，如处理粗暴，容易被认定为侵占公司财产的情形。股东尽量不与公司产生债权债务关系。

（2）已有业务，没有发票怎么办?

申请核定，就目前的形势，核定极难申请或被认定。正确做法：设立公司，将个人所得真正归为企业所得，时刻谨记，有钱先交税，再发工资，最后分钱。

（3）发票被作废，怎么办?

出现异常，该补税补税，该缴纳罚款缴纳罚款。

2. 面向未来，如何筹划税务安排

由于行业不同，所处的阶段不同，自然很难出现一套方案吃天下的情形，如以节税为应用题的题眼，这是一些实战

中的应用解题思路。

（1）货物、劳务、服务分离省税

电梯企业：销售电梯、提供安装服务、合同如何定价？

机器设备的销售额，13% 增值税率；安装服务费，简易计税方法，3% 增值税率。

示例：销售 10 万元，如统一按 13% 计征，则应税额为 1.3 万元；如分开计算，7 万元电梯费，3 万元安装费，则应税额为 1 万元。

（2）自建厂房，如何省税？

这里主要考虑房产税：哪些属于房产？税法规定是提供遮风挡雨，供学习、娱乐、工作、生活等使用；但是，游泳池、围墙、室外泳池、喷泉，不属于房产，企业持有这些不属于房产，不需缴纳房产税。

出于这一考虑，企业的停车场、游泳池建成露天的，把建筑物的造价同厂房、办公用房分开，单独核算，避免不该纳税的部分列入纳税。

（3）集团公司向其子公司转让土地使用权，怎样做最划算？

企业是正常存续、盈利的企业，城镇土地使用税、教育附加费的税率，分别为7%、3%，企业所得税率25%；100亩土地使用权，经由政府出让取得，账面价值3000万元，评估价值5000万元，子公司需要土地建厂房，怎样转让使用权？

一般做法：直接转让：母公司缴纳增值税、土地增值税、印花税、企业所得税、城镇土地使用税、教育费附加税等，且转让价格必须公允，也就是不能任意约定为0或者较低价格。

节税做法：按投资转让：土地使用权作为无形资产，对B追加投资，投资联营一方以土地作家入股进行投资或作为联营条件、将土地转让到所投资或联营的企业中，暂免征收土地增值税，增值税是免税的。省下的税，可达数百万。

（4）私车公用场景？

会计师将车转租给会计所，租金要开发票吗？要的。公司无车辆，合同如约定不允许报销油费，否则报个人所得税交税。配套场景，需要制作《私车公用协议》等，约定费用、租金、相关费用均可报销，这样，也便于做到四流一致，报销无碍。

（5）科目列支适度用?

餐饮发票、业务招待、团队建设、差旅、职工工会经费、会议费，这其中的每一项，如何有效的使用呢?

举个例子：礼品费用，税负高的可能 20%，选哪类礼品税负最低?送给谁税负最低?这些根据企业主营业务与类型，方案完全不同。边际成本的概念，常常被使用。

（6）怎样合理使用管理费用?

咨询费通常有可能全额扣除，这也是咨询公司高客单，且广泛被应用的原因。而推广服务费 / 劳务费也颇受欢迎，自媒体投放有利于提升品牌认识度，增加这块的支出与费用，并且这块并无其他过大的成本、得以全部扣除，所以，效果广告，如涨粉、投放、提供类似平台，往往会计至销售费用。佣金手续费，也是常常使用的工具之一。

（7）没有发票也可做成本

企业债权债务纠纷产生得违约金或赔偿款，并无发票可供抵扣；如活动送的红包，但目前政策已明确，无须缴税；企业的零星经营与个人支出，企业破产重组中的货、房、地，也属于无票，虽然无票，但可做成本项目。

纠偏一个算法：开发票，是否意味着成本一定高？

并非如此。将不开发票可能存在的税务稽查风险，转化为数字进行核算，会发现成本高企。漏掉的部分是，如遇到金税四期的大数据稽查，或者企业存在大额流水的情况被监控到，触发税务稽查风险，则会倒推查税，从而追究虚开、虚增、虚报等情形。

（8）搭建顶层架构

原理是通过各类业务场景，针对不同业务实施税务策划与安排，分类缴税、区分税率。因业制宜，配置不同资源。

3. 如何利用优惠与减免策略做税务安排

前面写了如何节税，这是一些返还与优惠政策，综合使用，效果更佳。前提是做好合规、无论哪一种方式千万别走极端。什么意思？

小规模纳税人可以节税，那么将企业拆成10个小规模公司，可好？收之桑榆，失之东隅。一定要注意税收的此消彼长。鱼和熊掌不可兼得。占了小规模的优势，可能讨不到退税的红利。当然，做节税安排，千万别踩骗税的坑，万劫不复。

（1）个人有汇算清缴，企业也有汇算清缴

每年的5月31日前，企业需要对本企业实际情况进行说明，了解实际内容。如，2020年做账得计提2021年费用，仍未取得发票，可以在未来5年内拿到发票，向财务说明需要计提费用即可。

（2）应收账款变废为宝（多为上市公司使用）

上市公司确认收入，为应收账款，如该应收账款所涉及的公司出现破产、注销或吊销、存有债务重组等情形，可以根据25号公告申请确认应收款或预付款的坏账损失。重组，在实际应用中通常并不一定是重业务或交易架构、往往是税务先行。

（3）科技行业高管个税返还优惠

如汇缴总额达200万元或以上，5位高管可以取得个人地方经济贡献的100%为参照数给予一次性奖励；以此类推，以至多增加20名高管为限。这也是高学历人才在科技企业薪资更高的原因，高薪背后有返还。

（4）灵活用工（谨慎选择）

行政技术人员、摄影师、市场推广、测评咨询、自媒体、开发等岗位，符合居家办公、兼职结算、灵活使用的情形，通过合法的灵活用工结算平台，既能整合零星税收收入，也能降低企业用工负担。以大学生做兼职为例，企业采用灵活用工方式，将原本的20%的工资薪金所得，可能降低到0.5%的灵活用工成本支出。

但企业切勿走极端，灵工这类模式在一些知名服务企业被变形应用，目前处于监管的模糊地带，个别巨头企业的灵活用工方案也频频引发争议与质疑，因此，并不建议创业企业盲目、批量使用。一定要与真实业务场景结合适用。

7
Chapter

创业转型必备常识：
企业经营核心之财务控制

诚信为本，操守为重，坚持准则，不做假账。

——朱镕基

创业者的目光投向内部经营规范之时，便是创业者转型企业家的起点。怎么做？

从数据着手，从内控出发，用财务视角测算业务与产品能效，每测算一次投资回报率，每反思一回创业价值，每增加一米护城河宽度，都必能有所精进。

财务过度控制的弊端在于，过分关注财务数据，紧缩过度，以致于控制凌驾于产品与业务之上，导致企业失去活力，最终陷入业绩崩盘、组织效率低下。

前言

创业第七站・操盘

财务没有建功立业的夺宝奇兵，但能守住基本盘

财务活细，企业必长寿；数据准确，法人不露怯

如何操盘？经营，投资，筹资，三驾马车都要稳

为经营埋单，精确到分毫，定好规则

为内控减负，细致到枝桠，盯紧目标

财务控制没有捷径，稳打稳扎方能制胜

这一篇实用指南，帮你找准创业内控合伙人

从运营侧出发为创业企业增效、增值

本章关注：接地气的财务控制，应该怎么做？

一　财务控制理论

关键控制点：是指企业经营过程中容易发生错误及舞弊而需要加以控制的关键环节。

通常情况下，需要对业务流程进行分析，确定哪些点容易发生风险，与该点对应所设计的控制措施是否能防止和纠正潜在风险。这些控制措施可能是一项或数项的组合，与控制的目标紧密相关。

1.1 组织规划控制

不相容职务相分离：是指一个人不能兼任同一部门财务活动中的不同职务。

企业微观经济活动5步骤：授权、签发、核准、执行和记录，均应由相对独立的人员或部门实施，保证不相容职务的分离。重视内部授权制度的设计，尽可能将效率与风控统一，具体而言：授权是否清晰、可追溯，是否存有执行的可行性和缓冲空间，记录是否细致与准确。内部授权制度设计因企业不同而设计不同，是组织结构与流程制度匹配的核心。

1.2 授权批准控制

对企业内部部门或员工处理经济业务的权限控制，要么必须经过授权批准，要么无权审批，便于执行既定方针、限制滥用职权。

- 授权界限：一般授权处理基础事项，特别授权处理全部事项。

- 授权批准：分门别类，确定每类经济业务的授权批准程序。

- 授权检查：保证经授权后所处理的经济业务的工作质量。

1.3

预算控制

筹资、融资、采购、销售、投资、管理等均涉及预算控制。

- 目标明确：预算必须体现经营管理目标，并明确责任。
- 动态调整：预算执行应当允许经过授权批准且适时调整，以契合实际。
- 及时反馈：及时更新、跟进执行情况。

1.4

实物资产控制

有形资产管理，本质是怎样实现企业内部的资产放缓减值、保值、乃至增值？

- 限制接近控制：控制对实物资产及与实物资产有关的文件接触，如现金、银行存款、有价证券和存货等，除出纳人员和仓管人员，其他人员限制接触，以保证资产的安全。
- 定期清查控制：清查实物资产，保证实物资产实有数量与账面记载相符，如账实不符，应查明原因及时处理。

1.5 财务成本控制

● 粗放型成本控制：从原材料采购到产品的最终售出进行控制的方法，包括原材料采购成本控制、材料使用成本控制和产品销售成本控制。

● 集约型成本控制：通过改善生产技术、改善产品工艺降低研发、生产、仓储成本。

1.6 风险控制

应尽力规避经营与筹资风险，筹资往往影响大，波及面广，举债经营可以缓解短期资金短缺的困难，待到到期偿本付息时，或面临无力偿还，从而陷入财务困境的窘境。

● 经营风险：生产经营不利，造成企业不稳定。

● 筹资风险：举债带来的不确定性。

1.7 审计控制

● 内部审计：对会计的控制和再监督，对各种经营活动与控制系统的独立评价，以确定既定规则是否贯彻，建立的标准是否有利于资源的合理利用，企业的目标是否达成内部财务审计和内部经营管理审计，是企业财务控制的有效手段，也是保证会计资料真实、完整的重要措施。

● 财务审计：审计各类财务相关的账务、数据、报表、管理凭证，做到账账相符、账证相符、证证相符，确保资金流、数据流、信息流的统一与规范。

● 内部经营者管理审计：从方方面面，通盘考虑经营管理的真实性、有效性，落地内部风险控制、优化组织管理，实现降本增效与精益化运营管理的目标。

二 财务流程控制

通常而言，企业财务既需要具备高屋建瓴的视角，又要稳扎稳打、一步一个脚印实现目标的执行力。这种能力，如何在企业的管理与规划中发挥作用呢？

以科技企业为例，涉及工业设计、技术研发、贸易往来（进出口等国际贸易环节），每增加一个业务版块，风险控制的警戒线便提高多个级别，落地到最终经营管理环节，往往需要细化控制边界与内涵。

2.1 业务流程

研发阶段→销售下单→物料请批→物料采购→物料入库→物料出库→成本控制→产品入库→产品出库→物流控制→仓储控制→应收账款的管理→应付账款的管理→资金使用率的控制。

2.2 销售环节

研发：设定销售价和目标成本价。研发根据目标成本价设定产品预估产品成本，财务审批产品估价单，目标成本之内的通过则审批，超过则不审批。

- 产品封样样品（Sealed Sample）：核算对比标准成本与目标成本，与研发和采购分析差异，明确成本增加的原因、成本 BOM 表（Bill of Material，物料清单）。
- 大货样（Standard Sample）：对比试产阶段和量产阶段的实际成本与标准成本，与研发和采购差异分析，确定最终的生产成本与价格区间。

销售：报价单审批权限控制：业务员→营销负责人→财务负责人→总经理（如公司组织结构并无多层职能设计，一个角色身兼多职，需根据不同职能设计具体目标）。

核心：价格需结合订单分类设计，根据单价与订单数量确定：

- 订单单价：原则上不能低于各类产品的目标利润价，不低于最低利润指标，若低于则需书面申请，由总经理/董事长审批。

- 订单数量：低于最小起订量的，要控制包材成本，超过订单外的包材成本由客户承担，可以含在单价里，也可以另外收取，并登记好，同时给出预计消耗时间。

2.3 采购环节

核心指标 · 采购单价：

- 了解各种物料的特性，整理各种物料成本核算的方法和标准。

- 无行内标准的，要求采购必须货比三家。

- 同类物料单价特别高的，要求供应商提供成本分析表。

- 每月选定一类三家供应商对价格，质量，服务等一系列调查。

核心流程 · 采购实施：

- 定标准：由工程部（或者内部衔接研发部与生产部的其他部门 / 小组，注意，并非品质部门，避免权利混用）制定各类成品相应物料的损耗标准。
- 定备品率：由采购与供应商制定各类物料的备品率。
- 测实际用量：由计划部门主导，请购物料数量 = 实际用量数 + 损耗率 − 备品率。
- 多部门审核：订单外的备料计划，由计划部门申请，营销 + 总经理审核。
- 采购审批流程：采购员→采购经理审批→财务经理审批→总经理 / 董事长批准。
- 采购数量：采购员严格按计划实施采购。

2.4 库存控制

1. 入库控制

A. 物料入库必须按采购单品名和数量入库。

B. 物料入库前必须经品质检验合格后方可入库。

C. 物料入库需由收货处在送货单上签字，并打印入库单，入库单由各仓管员签字。

D. 入库单的红联由财务记账后盖章返回给供应商，做为对账及请款依据。

2. 出库控制

A. 计划控制严格按照成品用料制定发料单发送给仓库，仓库依据发料单发料。

B. 生产损耗超出比例部分，触发超领跑单流程，生产主管 / 仓库主管批准后可领料。

C. 生产超损耗超出利润比例，则需由财务加签，财务调查损耗失控原因，根据现场溯源，可能触发处罚监督机制。

2.5 生产控制

人员利用：避免大量加班，确定日人均产值的统计与分析。

生产损耗：制定各类耗材的标准用量，控制月度请购用量及每天领用控制。

财务巡查：财务定期到产线检查各类耗材是否有多领用现象，对产线清尾数据进行跟踪，由计划统计到期未清理产品型号和数量，由生产回复清尾时间，计划跟踪清尾状况，再次逾期未清尾的，由计划提报给财务，分清责任人，可能触发处罚监督机制。

2.6 成品控制

1. 入库控制

A. 产品入库必须按生产计划单号入库，并入正确的库位。

B. 入库后，建立 ERP（Enterprise Resource Planning，企业资源计划）台账，实施库存控制。

2. 出 库 控 制

A. 所有的产品出库必须入到成品仓，打系统单出库。

B. 成品仓仓管员必须清点箱数，抽查产品数量。

C. 每月和 PMC 营销导出 1 个月前未清尾的订单，核对是否有漏打单现象。

三

资金控制

总体原则：

- 全面规划资金使用，测算资金使用率。
- 所有资金由总部财务统筹统一调配。
- 闲散资金进行理财。

3.1

应收账款控制

1. 登记与分流

详细登记新客户，根据资质与企业征信，签定结算协议、给予授信额度（是否给授信账期？如何给账期？客户付款方式存在哪些潜在风险？看似未给账期但实际存有账期的业务如何管控风险？企业财务负责人需要通盘把握，并将管理落实到细节）。

2. 对账控制

每个月营销部门于 ×× 日前完成对账，提交财务，财务复核后与业务确认，由业务于 ×× 日前将对账单回传、与客户确认，客户在 ×× 号前回传对账单，业务提交至财务部门，需要设计与业务利益绑定的对账与回款机制，并需关注退货入库的监督，样品、模具费等低频费用的入账情况，避免财务损失。

3. 提成计算

每月应收会计按照月结方式、授信额度跟催应收账款，设计追偿机制，避免坏账。

4. 出货审批

每天审核出货通知单和送货单，对逾期客户不批准出货，如逾期需特殊放行，则必须经“财务负责人+营销负责人”同意，金额超出 ×× 元需要由总经理 / 董事长审批。

5. 收 款 风 险

要求所有的货款必须打到公司指定的账户中，业务不可自行收款，需要收现金、支票或快递代收的，应由财务出具《授权委托书》《收款收据》，财务需要每周核查已开发票的货款是否收回，对风险大的客户购买应收账款保险，实时关注企业内部腐败、侵占行为，防范企业刑事法律风险。

3.2 应付账款控制

对账流程：供应商按入库单号和时间制作对账单，并于 ×× 日前回传至采购，采购根据入库单、采购单和供应商送货单、对账单等对账，并于 ×× 日前上交至财务，财务于 ×× 日前核对，采购回传至供应商，供应商于每月 ×× 日前反馈问题，×× 日前将双方核对无误的对账单返回至财务，注意核对退货和品质扣款的账务，避免多付。

货款支付：由财务提交排款计划至采购负责人，由总经理/董事长审批，货款支付时间为××日前或按专项付款时间，通常以周为单位循环。

关键时间节点：根据企业内部控制流程灵活调整与设计，应结合各类财务报表的报税、审计等外部时间节点，避免受到税务机关行政处罚，影响企业征信与资质。

配套资料：采购框架协议、采购订单、委托汇款同意书、质量协议等。

四 资产控制

4.1 固定资产

新增资产：必须由使用部门申请，并提交固定资产评估报告，经资产管理部门、财务审核，超过 ×× 元由总经理 / 董事长审批，固定资产入库必须由仓库收货，资产管理部门和使用部门共同验收；分期付款的固定资产每次到期前需由采购部进行申请，以避免设备质量问题但财务已径付款项的潜在损失。

台账管理：日常的固定资产入库，出库必须经过财务审批，财务制定固定资产编码及固定资产标示卡；每三个月盘查固定资产，按月度抽查，对保养、物料标示及转移变更不及时、不清楚的资产管理行为给予纠正，对丢失设备设置赔偿机制（但需注意合规）；对固定资产购买财产保险。每半年盘点存货，监督固定资产的使用率。

4.2 存 货

成品：财务每周对采购情况跟踪并及时提报数据，提前预警采购部；每月核对库存、分析增减变动情况，提报数据给采购部、重点关注异常数据，制定调整措施及目标。

物料：财务每月提报呆滞物料，由采购部提报大额呆滞物料形成原因及消耗方法；财务依据每月按存货周转率考核采购部，制定最低和最高库存量、确定物料成品保质期周期、购买存货财产保险（尽可能配置产品财产险，降低损毁灭失风险）。

五 复杂行业的财务控制（跨境电商为主）

5.1 资金风险与内控

店铺余额（应收款）需与销售明细结算报告进行对账，以防止平台的漏算，导致店铺余额变少。店铺放款金额需与第三方支付平台收款进行对账，第三方平台与银行账户进行对账，形成资金的闭环，防止出现舞弊行为。

5.2 在途库存入库环节的风险与内控

在途库存在海外入库后需要与第三方仓库入库信息进行核对，一旦出现丢损，需要马上查明原因，并向责任方索赔。

5.3 备货过程中的风险与内控

需结合过去的销售情况，合理推测未来销售情况，并与供应链端的已下单未交货的数据、在途数据、海外仓可售数据进行综合分析，合理推测出备货数量。设立安全库存标准。

5.4 海外仓库存滞销管理

针对具体 SKU（Stock Keeping Unit，库存量单位，即库存进出计量的基本单元）标记库龄，进行库龄分析，针对超过库龄超过一定天数的 SKU 需要开始进行清理库存的动作，并与销售人员绩效进行挂钩。清理库存导致的负毛利需与提成制度挂钩。

5.5 广告费与仓储费等费用的监控

制定广告费与仓储费等费用的监控及预算标准，确定线上广告及线下广告费占销售的比重，分析广告费投放效果。密切监控 FBA 及海外仓仓储费的占比。杜绝长期仓储费的收取。

8

Chapter

创业风控必备常识：

刑事合规，风控的核心、重心、中心

两害相权取其轻，两利相权取其重。

——章炳麟《答某书》

刑事犯罪看上去与创业相去甚远，似乎没有人会在创业之初碰犯罪的高压红线。刑事犯罪的特点是，犯罪即可能入狱，民商事则还存有“犯满离场”的空间与拉锯、尚且能用金钱化解，犯罪则没有回头路。

企业创业征途，预防犯罪远重于犯罪辩护。在刑事犯罪领域，罪与罚的背面，总有故事的另一面。有人哀叹不幸，为何被抓的是我？有人痛斥不公，但却忘了蝴蝶效应。

创业重视刑事合规，并非心血来潮、不能一时兴起。熬过初创期，业务企稳后，必须从根本上梳理业务，规范经营，细化流程，剥离不明资产与业务。

前言

创业第八站·基建

初创期腥风血雨，成长期波澜壮阔
成熟期小荷初露，还能蒙眼狂奔、不管不顾？
是时候，腾出手做风控、搞合规、剥离业务与资产

风控合规从何着手？必定是刑事合规
企业刑事合规，是合规的核心、重心与中心
刑事犯罪，两害相权取其轻，两利相权取其重

这一章，这一篇实用指南，帮你找准创业项目合伙人
本章关注：企业刑事合规，是什么、为什么、怎么做？

一
犯罪常识

刑事犯罪关乎个人的尊严、自由与生命，关乎法人的设立、存续与消亡，与犯罪挂钩，意味着可能会支付尊严、自由与生命的对价。

1.1
企业风险管理是什么意思

合规：管理外部事务，多由公司总经理层面实施，控人不控事、从人的轨迹设立规范。

内控：管理内部事务，多由财务实施内部控制，以钱管事、用资金流动穿透事务管理。

1.2
犯法犯的是什么法

犯法是口语表达，规范的表达应当是违规、违法、犯罪。

● 违规：

个人：违反道德规范、社会伦理。

法人：违反企业规章制度、行业惯例与标准、协会准则与制度等。

● 违法：

个人：违反民法、知识产权法、行政法律法规等。

法人：违反民商事法、知识产权法、国际公法 / 国际私法、行政法律法规等。

● 犯罪：

个人 / 法人：违反《刑法》及其修正案的规定等。

1.3 刑事犯罪有什么影响

个人：低频发生，但容易走错路，有毁灭性的影响和打击。

法人：风险管理的核心，重中之重，危及企业的生死存亡。

1.4 区分犯罪 4 个阶段、5 类角色

对犯罪行为的处理通常分为侦查、审查起诉、审判、处罚四个阶段。对应的行政机关主要是公安机关、检察院、法院、监狱、拘留所、看守所等。个人、法人通常与公安民警、检察官、法官打交道多，加上律师、监所工作人员，合计 5 类角色。这 5 类角色的常规分工可以简化理解为：

- 公安民警负责找证据、摸线索。
- 检察官负责排列证据、对照证据梳理罪行罪名罪数。
- 法官负责定罪、处罚。
- 监所民警负责执行判决处罚。
- 律师是独立第三方，为个人、法人代言、纾困，是专业知识与信息的沟通桥梁。

1.5 区分犯罪的 4 组概念

罪与非罪：由公安民警、检察官、法官根据实体法（《刑法》及其修正案）的规定，判定是否符合犯罪构成 4 要件（客观、客体、主观动机）。

此罪彼罪：由检察官根据实体法的规定，适用程序法（《刑事诉讼法》及相关司法解释）的规定，初步确定是否定罪、属于何种犯罪，进而向法院提起公诉。

无罪、罪轻、罪重：由检察官根据犯罪事实、犯罪嫌疑人/被告的实际情况，结合实体法规定，适用程序法，初步确定如何量刑，进而向法院提起公诉，通常具有时代性、社会性、区域性。

罪与罚：由法官结合犯罪事实、证据、检察官诉讼请求，结合实体法、程序法的规定，经审判，判决被告应承担的刑事责任，包含处罚罚金、限制人身自由、索取生命等。

1.6
证明犯罪的 23 字

“犯罪事实清楚，证据确实充分，形成证据链，排除合理怀疑”，这 23 个字，是法律、程序、事实的交锋，是辩护人一生的追求。少捕、慎补、慎诉政策，是应对刑事诉讼的补充，不宜作为犯罪与否的前置条件。

二 创业高发犯罪

不同企业类型、所处阶段不同，面临刑事风险不同。风险控制是长期工程，需通盘考虑：

- 区分属性：非上市企业与上市公司需求不同，前者应关注业务本身是否涉罪，后者更多关注风险的流程、岗位、人的受控、失控及应对。

- 区分阶段：初创期企业应关注业务能否跑通；成长企业应关注业务高速增长与内部管理脱钩、引发内忧外患的矛盾；成熟企业则应全面梳理风控、统筹合规与财务控制，为经营、筹资、投资打基础。

- 区分业务：如为互联网平台，则应关注信息、数据、网络等安全事项，严防死守此类犯罪；如为互联网知识付费企业，则应关注知识产权类犯罪，制定对照的维权防守与侵权进攻策略，重点应盯防知识产品的侵权涉罪风险；如为互联网技术企业，则应关注技术秘密泄露、技术滥用、技术风控不足引致的诈骗、洗钱等犯罪。结合企业属性、主营业务形态，综合把握、理清重点之后单兵突破。

- 区分主次：搭建多主体公司架构是风控的常见形式，不同主体之间，如财务失控，可能出现风险传导，比如，集团公司内部的关联交易，可能与虚开发票、财务造假、甚至内幕交易挂钩，反而让主营业务受到较大影响。因此，需要做风险识别、风险区分、风险隔离。

2.1 创业者 / 管理人员 / 关键岗位员工的高发罪名

个人犯罪，表 8-1 做了具体展示：

表 8-1　创业个人犯罪对比

（避坑妙招 18：创业相关罪名启示录）

序号	大类	小类	行为	罪名	特点 / 注意事项
1	侵占类 破坏类	实物资产 无形资产 数据 / 信息	拿了公司的财物、资产 毁了公司的平台、数据、代码 侵吞了公司利益，放入自己口袋	职务侵占罪 / 盗窃罪 破坏计算机信息系统罪 侵犯公民个人信息罪 帮助信息网络犯罪活动罪 侵犯 / 泄露商业秘密罪	员工受到不公正对待而泄愤 员工法律意识淡薄
2	欺诈类	虚构合作 虚构身份 虚构损失	离职假冒在职 协助做假账 / 粉饰报表	合同诈骗罪 / 诈骗罪 虚开增值税专用发票罪 / 逃税罪 / 骗税罪	一开始便有非法占有的目的
3	舞弊 / 腐败类	行受贿 贪污 内幕 / 关联交易	利用职务之便 / 优势获取工资之外的便利、利益、好处或送礼、请客 拿回扣、私人账户收返佣 获取内部消息进行交易 关联方违法关联交易	非国家工作人员行贿罪 / 受贿罪 / 贪污罪 为亲友非法牟利罪 内幕交易罪 挪用公款罪 / 挪用资金罪	行贿罪的处罚日趋严格

续表

序号	大类	小类	行为	罪名	特点 / 注意事项
4	人身类	猥亵 骚扰	利用职务便利 / 职务优势地位实施猥亵、强奸行为 重婚、同居等 故意伤害、侵权	猥亵罪、强制猥亵罪、强奸罪、重婚罪、破坏军婚罪、故意伤害罪 侵权责任（民事违法）	隐蔽性极强 受害人沉默者众追溯过程撕裂

2.2

创业法人高发罪名

法人由生至死，生命周期各阶段可能涉及的刑事犯罪可见图 8-1 的具体展示：

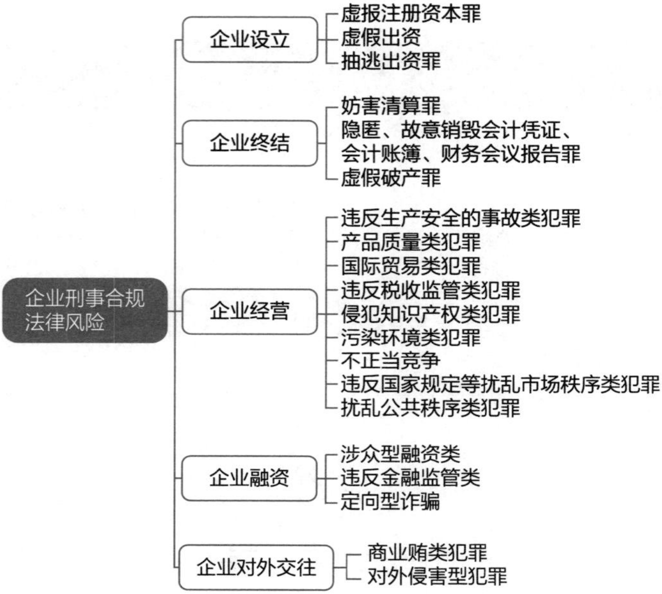

图 8-1　创业企业犯罪对比

（避坑妙招 19：企业相关罪名启示录）

三 刑事处罚的变与不变

犯罪就该受罚，似乎顺理成章、天经地义。回归个人、法人的个性化情形，加之实际情况千变万化，“犯罪事实清楚，证据确实充分，形成证据链，排除合理怀疑”23 字诀背后，实务判例与经典案例往往是“具体情况具体分析”的生动演绎，也能管窥我国刑事法律的变迁与发展。

3.1 常规处理

1. 自然人犯罪

- 经济类犯罪，尽量止损、追缴损失、维护公平竞争秩序。
- 人身侵害类犯罪，严格适用法律规定，维护受害人、社会的公益利益。
- 涉及危害国家安全、恐怖主义、毒品及其他重大、多人或流蹿犯罪，会严厉打击、严格适用法律规定。

2. 法 人 犯 罪

松紧有度，并非完全按照刑事犯罪的诉讼程序提起诉讼，办案机关会综合考虑该类犯罪对社会、对本地区的影响，考虑：是否惩治该类犯罪？惩治企业或企业负责人，是否会造成企业一蹶不振？惩罚企业以维护法治尊严、社会公义，是否会造成数个、数百个家庭失去经济来源？企业负责人或核心层被惩治后，取得的社会公义是否与裁判的预期效果平衡？法人犯罪，对处置结果的权衡，往往是法律与商业的博弈。

3.2 创新举措：合规不起诉制度

适用：单位犯罪，单位高级管理人员、核心层犯罪。

原则：**两害相权取其轻，两利相权取其重要。**当企业犯罪时，按照法律严惩不贷，可能致使企业自此由盛转衰，提前进入衰退期或直接破产。于社会公众而言，处罚、破产的害处，比起“让组织内部针对犯罪事项实现整改与合规，实现持续经营”要大得多，那么，就应该在防止犯罪损失扩大、情形恶化的前提下，选择较小、较轻的代价，也就是“予以整改＋检察院不提起公诉”或类似处罚方式。

司法实践中，为了帮助企业做强做大，财政补贴、政府政策都在经营中有体现，视每个创业者对法规与政策的敏感性而异。

类型：虚开、污染环境、生产销售假冒伪劣产品、串通投标、骗贷、违法放款、走私等犯罪，主要为谋取经济利益；部分犯罪类型可酌情考虑是否追究。

流程：图 8-2 展示了合规不起诉的关键流程。

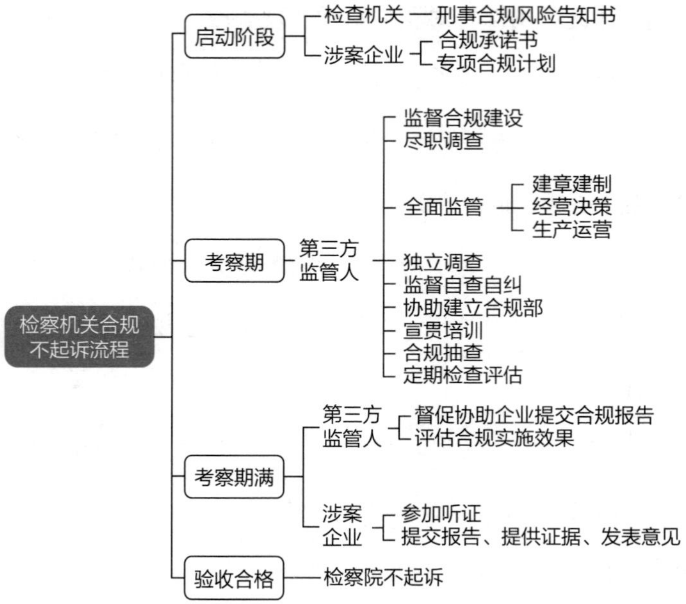

图 8-2　检察机关企业合规不起诉流程

（避坑妙招 20：法外有情，利弊权衡）

3.3 弥合缝隙

大众的认知与真实的刑法世界有些存有较大差距。在表达者有红利的时代，这容易引起偏见与误解，也极易滋生矛盾和裂缝。例如，一些热点事件以刷屏的形式在直播间频繁被要求谈谈看法，不仅导致主播账号被封禁，还容易滋生网络暴力。也体现出，民众对刑事犯罪缺少了解或误解，可能会让裂缝变得更大。例如，合规不起诉制度，可能会有人解读为腐败的摇篮。

实际上，上了规模的企业大而不倒也是不得不的选择。创业讲通识，能制胜能创富；创业有常识，不能跑赢但能自保。到达一定发展阶段，评价企业的度量衡或算法会发生变化，避坑、企稳，反而成为第一要务。

创业者并非多面手，能在业务、人才、发展中把握一头都难，还得面面俱到，业务企稳后，还要兼顾风险控制，谈何容易？多读本书，可解千愁。

四 如何应对刑事犯罪

出现问题并不可怕，兵来将挡水来土掩。

4.1 认知：横看成岭侧成峰

由于利害关系不同，一旦陷入犯罪漩涡，认知与行为千差万别，容易盲人摸象或一叶障目。如何避免？建立必要的认知，了解业务背后的逻辑与算法，至关重要。

企业的取舍：面对舞弊、贪腐，是牺牲小我，还是默不处理？高级管理人员及关键员工，是不知情犯罪，还是满足小我，不顾集体？创业维谷、进退两难，往往如此。

个人的选择：员工与企业，是相互选择，也是相互成全。劳资博弈始终存在，员工与企业的博弈，不止是工资、薪金、报酬、福利，可能涉及商业秘密、所有者权益、税务合规、数据安全等，不逐一枚举。面对犯罪，是主观恶意，还是确不知情，员工做了选择，企业得反思权限、制度、流程、交易设计，是否出现了让员工犯罪的漏洞？从根源治理，才能促进企业与员工的双赢。

公权力机关的逻辑：

现状：想帮扶创业企业、引导创业者，一经验不足，二对市场理解不深，三不能过度干预，该怎么做？行政机关的探索与摸索，留有较多可供沟通的缝隙。

示例：例如，中介批量使用虚假地址代办注册公司、致使该批公司全部遭遇工商与税务处罚，60 余家企业、被处罚金额最高达 600 万元。行政机关看来，属于虚假注册地址应予处罚，但 60 余家企业希求追溯代办人合同诈骗罪。事涉多方，行政与刑事竞合，陈述真实情况、恰当的书面表述、列举不知情证据、实施积极沟通，通过这“四板斧”，可以妥当处理、避免陷入被追责 / 多缴罚款或滞纳金的死亡怪圈。

服务机构视角：

用好人、尽人事：法人出现刑事犯罪情况，往往由人力资源的激励与约束机制失衡引发，充分调研、厘清现状、回归现场，至关重要。

凡事要趁早：尚未创业前，对业务是否涉罪有基础认知；跑过初创期后，腾出手先做合规；如需走向公开市场，站在亮处，按刑事合规 > 行政合规 > 民商事合规顺序规范。风险管理，越早越好，早容易建立优势。

4.2 出了事不要怕

无论是个人或法人，出现刑事犯罪，需要遵循刑事诉讼的基本流程，刑事犯罪 3 步走：

①获取准确信息，打破信息不对称，避免花冤枉钱、走冤枉路：请律师会见，律师费随行就市，没有后门、没有关系、花钱捞人违法【同行亲述：家属花了 500 万元找主办律师买人情，但实际没人会为 500 万元以身试法，该怎么办案就怎么办】。

②合理预期，制定明确的应诉策略，目标应设定为“重罪辩轻罪、轻罪辩无罪、重罚辩轻罚”，一个靠谱的律师确实可以扭转一个家庭的乾坤。

③辩护人、家属、行政机关工作人员切勿同流合污，2021年便严厉打击公检法司律的违规接触交往。对律师而言，刑事办案的执业风险极大，面对大罪大恶，很多人无法把持，利用家属担忧心理狮子开口，欺骗嫌疑人后被追溯的事件亦有，把明明是检察官决定不予起诉却说成是自己找关系请托办案的成果，这乱象背后是人心不足与欲壑难填。

1. 个人应对刑事犯罪十诫

第一条，不该拿的不要拿

员工从公司拿到一套做抖音账号的方法论，自己做了一个抖音账号，但用了公司的资源，这个能拿吗？不行，职务行为获取的资源，不可攫取。

第二条，不能听的不要听，不要捏造事实

例如，利用“杭州保姆纵火案”蹭热点、植入广告，可能涉及诬告陷害罪，名誉侵权，等等。因此，要多问证据，不要无中生有。

第三条，不要想办法钻空子

法律具有一定的滞后性，一开始利用滞后性的空窗期获利，逐利心态之下，逐渐与规则做斗争，终将被规则吞噬，偷逃漏抗骗税、虚开增值税发票罪，常常如此。比如，虚拟货币的开采、交易、流转等各环节都可能涉罪。

第四条，不要自以为是、绕开规则

学习知识的目地是合理合法地运用规则，而非绕开规则。利用规则漏洞拿到第一桶金，最终会还回去。回归创业本质，利用商业模式填补市场的空白，或者挖掘蓝海产品或市场，而非逆规则而行。

第五条，不要轻易动心

刑法保护国家、公众、个人利益，围猎非法占有的目的，动歪心思就意味着，汝之荼蘼，彼之砒霜。比如，盗窃罪侵犯财产权益，在盗窃后为灭口实施杀人行为，可能就转化为了故意杀人罪。财产类犯罪变为人身犯罪，罪行、罪名、处罚加重，想人生从头再来，难上加难。

第六条，不过分索取，凡事不过度

在笔者的数百场直播里，互殴是否构成犯罪的咨询，仅次于离婚咨询。一时嘴上贪欢，赔钱还坐牢，有理变无理，不过是为了那一口气顺、嘴上一时爽，值得吗？

第七条，不要轻易相信

诈骗罪高发，一方面是源于人们对钱财持有“越多越好”的态度，并且还带着点赌徒思维——以小博大、以少换多、白拿白占。另一方面，骗子深谙人性，能够将轻易相信的心态揣摩到极致，进而诈骗。

第八条，不钻牛角尖

“刑法这么写，我反其道而行之，就不违反刑法的规定了，就不犯罪？”“所有赚钱的方法都写在刑法里”——这是最令人无可奈何的误解。懂得知识、会用知识、合法运用知识，三个不能混为一谈，以身试法，常饮恨离场。看守所的高墙，又高又厚、重重把守，别用小聪明挑战法律威严。

第九条，不要有太大的压力

创业需要知识纾困，如果犯罪既至，通常提倡“个人自扫门前雪，不管他人瓦上霜”，能保护好自己与家人，已是万幸。举个反例，好意借银行卡给朋友走100万流水，却构成“帮助信息网络犯罪活动罪”四处躲藏，还敢两肋插刀吗？

第十条，不要本末倒置

法律是最低标准，道德是较高标准，普法的初心在于预防、避免为无知支付过高代价，而非阻碍社会、人、事务的发展。

2. 法人应对刑事犯罪十诫

（1）有认知：口诀10条

企业的负责人、高级管理人员、核心成员都应参与，不是只有老板参与，必要事项需要全员参与，认知深浅不一可通过宣传/灌输知识弥补：

①企业合规为必备项，必须重视，为业务保驾护航；

②决策内部合规、决策之外汇报、汇报无障碍；

③内部合法授权、分工明确、不越权；

④用白话释法说理、讲解规则；

⑤有文档有表单，便于触达便于执行；

⑥说人话办人事，规则之下有人文关怀；

⑦合规计划接地气、能实施、能实用；

⑧反复复盘合规结果、推动成果化；

⑨接地气的实施计划、策划方案；

⑩合规有激励、合规有奖励、防控有成果。

（2）有行动：4 块定策划

法人需要组织公司相关人员参与与行动，可参照质量循环体系的理念。

① Plan：尽职调查、揭示风险、设定目标、实施规划。

② Do：给钱、给权、给人、该罚就罚；团队内部监督、团队外部写作、内外协作。

③ Check：自查自纠、被查处罚、自评自测、纪检抽查、监督评估。

④ Action：行动、检查、策划、执行、调整。

（3）有实施：6 步见成效

企业刑事合规的落地执行，重细节、重执行力，这里提炼了具体执行计划。

原则：参与企业纠纷解决与处理，溯源事件发展，切实维护企业的根本利益。

具体步骤：

①尽职调查，摸清现状：了解清楚合规的分类，在刑法、行政法、民法、商法、知识产权法等各个版块如何生效、失效，如何通过合规布局后降本、增效。

②建章建制，规范先行：供应链管理制度、行政管理制度、人力资源管理制度、印章管理制度、合作手册、印章管理制度、突发与危机事件管理制度、员工手册、内控流程与制度（结合业务类型与组织结构）。

③授权管理、权力管理：内外都顾，明确权限 / 级别、对外告知 / 告诉，记录沟通，原始凭证、载体做好保存，方便实施与开展“还原现场”，自证清白。

④宣贯传播，构建认知：适度、适当的在合适阶段展开

有限度的宣传，降低违约、违法机会，提升人力资源价值和管理效率。

⑤技术犯罪，专项预防：反复验证，企业的业务是否合规、是否存在侵害他人人身、财产安全的可能性，是否存在信息安全、隐私安全、国家秘密安全等潜在风险与漏洞。

⑥适度处理，松紧有度：对内有申诉、申诉有检查、检查有监督、监督有跟踪，任一环节不可遗漏，遗漏后出现道德缺失、腐败、小团体，反而增加内部管理成本；必须畅通反馈与评估机制，透过月度、季度或者年度回看、梳理、复盘，制定不同阶段的合规建议书，以求动态识别风险，不断修正，并预防新情况。

9 Chapter

创业扩张必备常识：企业并购与重组

有的企业有高耸的护城河，里头还有凶猛的鳄鱼、海盗与鲨鱼守护着，这才是你应该投资的企业。

——沃伦·巴菲特

眼睛仅盯在自己小口袋的是小商人，眼光放在世界大市场的是大商人。同样是商人，眼光不同，境界不同，结果也不同。

——李嘉诚

印度作家普列姆·昌德曾说过，“财富带来痴迷，权力带来疯狂”。企业并购与重组带来了新旧公司、新旧股东、新旧资本对于“财富”和“权力”新一轮的角逐和斗争。这种杂糅着“钱”与“权”双重属性的“大活动”，必定会为这一领域搭建最能展现人性和故事性的舞台。因此，如何通过科学合理的顶层架构、战略方案、实施流程做好“钱”“权”分配，是企业并购重组最重要最核心的课题。

企业渡过成长期，或一旦企稳之后，并购与重组，既是上市的前戏，也是防止被吞并的反击。如何防止野蛮人敲门，避免多年心血付诸东流。

创业维艰，每一道课题，都是摆在创业者面前的必修课。

前言

创业第九站·合纵连横

一个人走得快，但一群人走得远，放之企业亦是如此
单兵作战上演千里走单骑，不如产业并购聚合成势能
如何筛选目标公司？怎样实现并购协同？如何风控？

有“并购蛇吞象不成，创始人被逼出局”的惨案
亦有“上对花轿嫁对郎”的天作之合、良缘之喜
还有重组起死回生、渡过危机、东山再起的经典

这一篇实用指南，帮你找准产业合伙人

本章关注：用好并购重组，抢占产业高地

一 并购的概念与分类

1.1 并购的概念

企业的发展，多数是通过扎扎实实地提升自己的管理水平、生产效率、科技创新等内伸式扩张方式。但单个企业掌握的资源有限，企业的内伸式扩张通常速度缓慢，而且天花板较低。与内伸式扩张方式对应的就是外延式扩张方式，也就是本章所讨论的企业并购，指企业为了获得其他企业的控制权而进行的产权交易活动。简言之，就是通过“买买买”的方式发展壮大。

1.2

并购的分类

1. 横向并购、纵向并购、混合并购

按并购方与被并购对象所在行业的关联程度，并购可以分为：横向并购、纵向并购、混合并购。

第一类，横向并购

- 定义：两个或两个以上生产和销售相同或相似产品公司之间的并购行为。
- 举例：美团＋大众点评。
- 价值：弥补了企业资产配置的不足，由于规模效应而使生产成本降低，提高了市场份额，从而大大增强了企业的竞争力和盈利能力。

第二类，纵向并购

- 定义：生产过程或经营环节相互衔接、密切联系的企业之间，或者具有纵向协作关系的专业化企业之间的并购。

- 举例：美团＋钱袋宝。
- 价值：通过市场交易行为内部化，有助于减少市场风险，节省交易费用，同时易于设置进入壁垒。

第三类，混合并购

- 定义：一个企业对那些与自己生产的产品不同性质和种类的企业进行的并购行为，其中目标公司与并购企业既不是同一行业，又没有纵向关系。
- 举例：美团＋摩拜。
- 价值：有利于经营多元化，调整企业自身产业结构，增强控制市场得能力，降低经营风险。

2.“合并”和“收购”

根据并购的表现形态，可以将并购划分为“合并”和“收购”。根据合并方的法人资格是否消灭，合并又可以分为吸收合并和新设合并。根据收购标的不同，收购又可以分为资产收购和股权收购。

第一类，合并：吸收合并与新设合并

吸收合并：合并方取得被合并方的全部净资产，并将有关资产、负债并入合并方自身的账簿和报表进行核算。企业合并后，由合并方持有合并中取得的被合并方的资产、负债，在新的基础上继续经营。法律后果：被合并方法人资格消灭。

新设合并：参与合并的各方注册成立一家新的企业，由新注册成立的企业持有参与合并各企业的资产、负债，在新的基础上经营。法律后果：参与合并的各方法人资格都消灭。

第二类，收购：资产收购、股权收购

资产收购：收购者以支付对价方式直接取得目标公司资产所有权的一种收购方式；支付方式：通常只能是货币；受益人：收购款成为目标公司收入，股东不直接受益。

股权收购：收购者从股东手上购买目标公司股东出资权利的一种收购方式；支付方式：除货币外，还可以是股权、实物资产、经营管理权等；受益人：股东直接取得收购款，但失去对目标公司的控制权。

二

并购重组的实操

2.1

并购战略规划

并购战略规划作为并购重组的第一环，重要性不言而喻。并购战略规划要解决的是三个方面的问题：Where——去哪里并购？ Why——为什么通过并购可以比现有企业做得更好？How——并购要达到什么样的目标？为此应该匹配怎样的资源？这三个方面的问题分别对应进入策略、竞争策略、组织策略。

1. 进入策略

进入策略解决的是去哪里的问题，去哪里包括两层意思，一是寻找市场，在国内还是去国外？开拓沿海市场还是深耕内地市场？去欧洲还是北美？二是寻找目标公司，是选择具有知识产权优势的 A 公司还是选择供应链成熟的 B 公司？

第一，寻找市场。世界那么大，企业对外扩张的这一脚到底该踩在哪里呢？决定这一脚踩在哪里之前，当然应该经过一系列的详细考察，这个过程需要大量的调研，我们要提取一系列的评价指标，而且这个评价指标依据不同的行业以及在产业链中的地位有非常大的不同。但不管怎样，对进入策略而言，两个非常重要的评价体系是吸引力和考核可操作性。吸引力就是企业的产品对拟进入的市场有多大的吸引力，可能需要考虑市场的人口规模、消费水平、文化等因素；可操作性更多的是考虑市场环境，比如政策是否有利于进入、局势是否稳定等。

第二，寻找目标公司。完成寻找市场的工作后，接下来就是寻找目标公司。通常来讲，寻找完市场之后，就应该把整个市场区域内的目标公司形成一个目标库，然后进行筛选。通过对符合并购目标的企业进行初步调查，筛选出符合一定条件的备选企业（通常 3~5 家），接下来结合并购战略规划，对候选企业进行全面可行性分析，最终确定一家最符合期待和要求的目标企业。

值得注意的是，不同行业的公司，做筛选的侧重点也有所不同。例如，高科技企业，知识产权是筛选重点；化工企业，环境测评、环保措施、污染处罚是筛选重点；房地产企业，土地状况、项目审批、建设施工是筛选重点。

此外，即使是同行业的目标公司，由于其自身特点的不同、项目类别的不同、所处阶段的不同，筛选的侧重点也不一样。甚至随着并购交易的进展，某些并购重组的商业计划、交易结构和需求也会发生变化，导致甄别和筛选的重点同样发生调整。

2. 竞争策略

竞争策略要解决的是为什么的问题，为什么企业通过并购可以比现有的企业做得更好。包括但不限于以下几个方面：比如品牌的提升促使产品单价的提升、规模效应的产生促使单位成本的降低。为了实现做得更好的目标，是倾向于追逐短期的财务目标，还是倾向于战略性并购？

财务性并购并购是以价值转移为目的，追逐的是短期财务目标，特别是现金目标，并不打算长期经营目标企业，并不会将并购企业的资源、技术和生产流程等整合为自己的一部分。而战略性并购以价值创造为目的，通过优化资源配置的方式在适度的范围内继续强化主营，产生一体化协同效应，创造大于各自独立价值之和的新增价值。

并购时若过多地倾向于财务性目标，往往在并购后无心对被并购企业进行产品结构、组织结构和企业文化等方面的实质性改变，并购后反而效益下降。

3. 组织策略

组织策略解决的是怎么做的问题，即为了达到预定的效果我们能够匹配什么样的资源和组织。提前制定整合计划，关注解决每一个可能出现的细节问题，挑选合适的处理问题的团队，企业才能充满信心的进行并购，最终实现并购目的。

2.2 并购实施

通常来说，并购的实施有以下九个方面：签署合作意向书→初步评估→风险研讨会→尽职调查→企业价值评估→交易结构设计→合同谈判→项目决策→签署并购协议。

签署合作意向书是为了确定两个企业初步合作的意向，继而经过整个项目团队的初步风险评估和研讨，来确定有没有必要开始第三方机构的尽职调查。而尽职调查的结果会影响后续企业价值评估、交易结构设计、合同谈判、项目决策及并购协议的签署。下面对尽职调查及交易结构设计这两个重要问题进行具体说明。

1. 尽职调查

尽职调查是一个非常重要的环节，目标企业到底是不是“良配”，揭开目标企业面纱，探查目标企业财务数据是否真实可靠、有没有重大的税收风险、有没有重大资金隐患、有没有重大人事纠纷、有没有重大的商业隐患等。发现这些问题，也会作为将来在企业并购估值、签署并购协议时讨价还价的筹码。

尽职调查的内容主要包括目标企业的股权构成情况、财务信息和管理经营情况等。其中，掌握目标企业的股权构成情况是企业并购重组最核心的环节之一，未来的并购策略制定、方案实施都要围绕其调查结果展开。重点是把握股权集中度、股东组成情况和股本规模等三大要素，必要时还应当开展更为详尽、系统的尽职调查。

举个简单的例子，通过前文我们知道，并购包括股权并购和资产并购两种不同方式。在这两种不同的收购方式下，调查的范围和侧重点就不同：股权并购，需要对企业从主体资格到企业各项资产、负债、用工、税务、保险、资质等各个环节进行详尽的筛查，争取最大程度地防范并购风险。而相较于股权并购，资产并购中需要进行筛查和调研的范围往往较小，一般仅涉及对交易资产权属状况、权利来源、权属转移、税务负担等的调查。

除此之外，目标企业所处的自然地理位置和经济地理位置也会影响并购后的企业发展，一般目标企业所处的地理环境位置越优越，资源和设施配套更到位，经济和市场发展态势更好，并购后的企业发展相应也会更好。

2. 交易结构设计

并购重组的交易结构设计，主要包括企业并购的交易模式选择与企业并购的交易路径设计两大问题。

（1）企业并购的交易模式选择

企业并购的交易模式主要解决企业并购的对象问题：如果选择目标企业的资产作为交易对象，就构成资产收购；如果选择目标企业的股权，就构成股权收购。这两种交易模式的适用条件分别为：

第一种，资产收购

- 目标企业没有形成良好的公司法人治理结构，内部财务管理混乱，对外信息披露不充分。
- 目标企业债权债务情况复杂，无法通过尽职调查手段完全摸清。
- 目标企业资产状况参差不齐，人员素质低下且冗员较多。

第二种，股权收购

- 目标企业管理规范，形成了健全的公司法人治理结构。
- 目标企业账簿和凭证资料健全，且披露充分，能够对公司的价值做出较为准确的评估，能够摸清其总体的负债情况。

（2）企业并购的交易路径选择

企业并购的交易路径设计主要解决企业并购的具体交易渠道和程序问题，即如何与交易对手达成并购意向或协议。

第一种，协议并购：并购方与目标企业以友好协商的方式确立交易条件，达成并购协议，并最终完成对目标企业的收购，是最常见和最重要的企业并购交易路径。协议并购的操作实质就是并购方按照一定的规则发现目标企业，并通过具体的调查和谈判，最终达成交易协议的过程。

第二种，要约并购：是指并购方通过向目标公司的股东发出购买其所持该公司股份的书面意思表示，并依照依法公告的并购邀约中所规定的条件、价格、期限等，并购目标公司股份的并购方式。

要约并购与协议并购相比，更能体现出公开性与公平性，被视为完全市场化的并购模式，有利于防止各种内幕交易、保护全体股东尤其是中小股东的权益。但也正因为如此，要约并购被某些人认为“过于理想化”而在实务中往往只有在上市公司并购中因相关证券监管法规的强制性规定而采用此方式。

第三种，竞价并购：又称招标式并购，是指目标企业通过发布出售公告的形式，邀请具有一定实力的潜在购买方，通过递交密标的形式进行公开竞价的交易路径，是一种由被并购企业主导的交易方式。实务中，竞价并购多用于国有企业和外资企业的并购活动中。

第四种，财务重组并购：是指对陷入财务危机，仍有转机和重建价值的企业，根据一定程序进行重新整顿，是公司得以复苏和维持的交易路径。在具体操作上，财务重组实现的并购，主要包括承担债务式并购、资产置换式并购、托管式并购等，此处不展开论述。

2.3 并购重组的后续整合

企业并购是一个复杂的过程，并购后的整合是并购取得成功的最为关键的一步，有效地并购后整合措施能够弥补和挽救前期并购战略和决策过程的欠缺和不足，使企业能对被并购企业进行“消化”，产生“1+1>2”的效果。

相反，缺乏并购后的整合往往导致企业“消化不良”，使目标企业成为自身的负担。这正是我国很多企业在并购中常犯的错误。往往只是在并购前期特别认真，精心策划，并购后则掉以轻心，忽视并购后的整合使得失败在所难免。

三　并购重组的核心关键问题分析

3.1　估　值

并购常用的估值方法有三种：成本法、收益法、市场法。

1. 成　本　法

定义：指在合理地评估各项资产价值和负债的基础上，确定评估对象价值的一种方法，是最基本的估值方法。

优点：能够发挥对目标企业资产、负债的尽职调查作用；基于账面价值、客观、资料可靠、计算便捷；能够提供交易价格的谈判底线。

缺点：没有考虑到企业的管理水平、商誉、无形资产的因素对企业价值的影响，也没有评估由于并购交易本身产生的一些协同价值。

2. 收　益　法

定义：指通过评估企业未来预期收益的现值，来判断目标企业价值的一种方法，是最常用的估值方法。

优点：能全面反映企业的基本情况和获利能力，同时考虑了时间和风险的因素。

缺点：准确预测企业未来现金流量非常困难。

用收益法进行估值，理论上是没问题的，企业经营环境相对稳定的情况下，企业经营现金流的情况在相对时间内有一定可预测性。但现在市场变化、技术迭代非常快，就限制了收益法的应用。

3. 市　场　法

定义：指将目标企业与参考企业或已经在市场上有的交易案例进行比较，然后确定评估对象价值的评估方法，是最易理解的估值方法。

优点：估值方法的操作非常便捷、容易使用。

缺点：市场法只能说明对比公司之间相对价格的高低，但是没有办法判断企业绝对的估值是否高或者是否低；另外，对比公司有时候不太好找。

3.2 业绩对赌

1. 定义

对赌条款分为狭义的对赌条款和广义的对赌条款两类，这里仅对侠义的对赌条款进行分析，即基于业绩的估值调整条款进行阐述。

双方在增资协议、股权转让协议等投资协议中约定业绩承诺条款，如果标的公司未完成业绩指标，则股东应向投资人进行补偿，换句话说就是股权对价的减少；如果标的公司超额完成业绩承诺，则投资人还需向标的公司股东进行补充支付，换句话说就是股权对价的提高。

2. 业绩对赌条款的常见约定方式

（1）业绩目标的约定

常见条款：“原股东、实际控制人和标的公司向投资方共同承诺，保证标的公司在利润考核年度（即 202× 年度、202× 年度）实现以下经营业绩：标的公司在 202× 年度经会计师事务所审计的合并财务报表归属于母公司所有者（即归属于标的公司）的税后净利润达到 ××× 万元。……”

（2）业绩确认方式的约定

常见条款：“标的公司在利润考核年度（即 202× 年度、202× 年度）实际实现的经营业绩按以下方法确认：标的公司应在每一个利润考核年度的次年 × 月 × 日之前聘请会计师事务所进行审计，并促使其在两个月内向投资方和标的公司出具审计报告。”

（3）业绩补偿方式的约定

常见条款：“如果标的公司 202× 年度实际净利润低于 202× 年度承诺净利润，投资方有权选择以下____方式要求实际控制人、原股东和标的公司对投资方予以补偿：

①现金补偿：

原股东、实际控制人应以向投资方支付现金的方式进行补偿。

计算公式（假设现金补偿的金额为C）：C=（202×年度承诺净利润－202×年度实际净利润）÷202×年度承诺净利润×投资方投资价款总额×［1+10%×（自投资完成之日起至投资方收到补偿款之日的实际天数÷365天）］。

②股权补偿：

原股东、实际控制人应向投资方无偿转让部分股权，使投资方所持标的公司的股权比例达到P。

计算公式：P=投资方的投资价款总额÷（202×年度实际净利润××倍市盈率）。

原股东、实际控制人应向投资方无偿转让标的公司注册资本额（股份数量）为N。

计算公式：N=标的公司注册资本额（股份数量）×（P−投资方所持标的公司股权比例）。如果C、N为负数，则各方均无进行补偿的义务。”

（4）补偿条款履行的约定

常见条款：“原股东、实际控制人承诺在标的公司的年度审计报告出具后 × 日内主动将按照本协议计算的现金补偿款项支付至投资方所指定的银行账户，或者将相应数量的股权过户至投资方名下并办理完成必要的工商变更登记手续。投资方在此过程中应按原股东、实际控制人的要求提供必要的文件资料及协助。”

3. 业绩对赌条款的应对

①单项对赌条款变更为双向对赌条款。

单向对赌，即只有企业原股东补偿投资人的承诺，但并没有投资人补偿企业原股东的承诺。双向对赌，则是如果企业原股东没完成业绩承诺，那么企业股东要补偿投资人；如果企业股东超额完成企业业绩承诺，则投资人要通过增加投资的方式补充支付。

②切莫盲目追求高估值，要理性应对公司的估值。

③融资过程中谨慎承诺业绩指标。

④对投资协议进行谨慎的检查和谈判。

3.3 控制权

企业并购的实质，就是企业控制权的过渡。因此，企业并购的成败，实质是企业控制权过渡的成败。如何做好企业控制权的过渡，是企业并购的核心。

企业控制权风险基本集中在股权结构及董事会构成两个方面。

1. 股权结构

股权的权能之一是选举公司的董事、监事人员，权能之二是对公司经营管理的重大决策问题进行表决。股权结构决定了公司控制权的分布。

如果被并购的目标公司的股权过分分散，各个股东对公司的控制相对较小，则有利于并购方以相对较小的成本取得控股地位。但并购后如果并购方在目标公司中只是相对控股，股权过分分散也容易造成其他股东一致行动、联手操纵表决将并购方逐出董事会从而控制目标公司的情形。

如果目标公司股权过分集中，比如一股独大，并购方需要较大的成本获得控制权。如果并购方不能获得控制权，则原大股东将利用其对股东会的控制权控制董事会并进而控制公司决策。

2. 董事会控制权

董事会作为公司的决策机构，控制了董事会就等于控制了公司的决策中枢，而董事会的控制权又主要体现在各个股东在董事会中占有的席位。

目标公司的董事选举任免制度是并购中关注的焦点。

目标公司往往在公司章程中设定董事提名条款、董事资格条款、任期限制条款、分期分级条款或者辞退必须合理条款。目标公司通过董事提名方式、人数及资格的限制，通过每年只能够选举更换部分董事的限制，以及通过辞退原任董事必须具有合理原因等规定的限制，从而防范和阻止并购方对董事会的控制。

3.4 支付工具

并购支付方式的选择直接关系到企业并购的成败以及交易价格的高低，主要取决于并购企业自身条件和被并购企业的实际情况。税收政策、具体会计处理方式也会对支付方式的选择产生影响。并购支付方式主要有现金支付、股票支付、综合证券支付三种类型。

1. 现金支付

定义：指并购方通过向被并购方股东支付一定数额的现金，以取得被并购方的控制权的方式。现金支付是使用最广泛的支付方式，形式可以是银行汇票、支票、电汇或现款付款证书等。

优点：简单迅速，有利于并购后企业的重组和整合。

缺点：并购方的付款压力较大；被并购方在取得现金后就不能拥有并购后企业的权益，而且可能无法推迟资本利得的确认，从而不能享受税收优惠。为克服这一缺点，在实际并购中可采用推迟或分期付款。

2. 股 票 支 付

定义：指投资者通过增加发行本公司股票，再按照一定换股比例以新发行的股票交换被并购方的股票。

优点：付现压力较小，不影响公司的现金状况；并购方的股票可以不以折价发行。可以将资本收益一直递延到股票出售为止，实现合理避税；并购完成后，被并购方的股东仍具有对企业的所有权，可分享并购企业的增值。

缺点：稀释了大股东对企业的控股权，可能摊薄企业每股收益和每股净资产。

3. 综合证券支付

定义：指并购方以现金、股票、认股权证、可转换债券和企业债券等其他债券等多种支付工具来支付并购价款。认股权证、可转换债券、企业债券都各有现金、股票支付方式之外的优势。

认股权证：由上市公司发出的证明文件，赋予持有人在指定时间内，用指定价格换股认购由该公司发出指定数目即换股比例的股票的权利。并购公司可因此延期支付股利，因为认股权证并不是股票，其持有人并不能视为股东。

可转换债券：指债券持有者可以按约定的条件将债券按发行时约定的价格转换成公司的普通股股票。并购公司能以比普通股票更低的利率和较宽松的契约条件出售债券。当企业正在开发一种新产品或新业务时，可转换债券能通过转换期达到预期的额外利润。

企业债券：指并购方以新发行的债券换取并购企业股东的股票。通常是较普通股更便宜的资金来源，向持有者支付的利息是免税的，还可以把它和认股权证或可转换债券结合起来。

四 企业并购重组的风险

4.1 支付风险

企业并购通常的支付工具包括公司现金、股票、债券、银行借款等，涉及巨大的资金金额，存在很大的融资风险。如并购方选择现金支付工具，将导致公司现金流的大量减少，企业将要承受巨大的现金压力，如果现金流出现问题，对企业将会是一种灾难性后果。从被并购方的角度来看，会因不能享受税收优惠，以及不能拥有新公司的股东权益等原因，而不欢迎现金方式，这会影响并购的成功机会，带来相关的风险。

4.2 营运风险

指并购方在完成并购后，无法使整个企业集团产生经营协同效应、财务协同效应、市场份额效应以及实现规模经济和经验共享互补等效果，甚至整个企业集团还遭受被并购进来的新公司的业绩拖累。

4.3 信息风险

并购的前提是对目标公司有相当的了解，并购双方信息完全对称。但这只是一种理想的状态，在实际并购中，有不少因不了解目标公司导致并购失败的案例。

4.4 反收购风险

在通常情况下，被收购方对收购行为都是持不欢迎和不合作态度的，他们使用的对收购方构成杀伤力的反收购措施有各种各样的“毒丸”。这些反收购的行动，无疑对收购方构成了相当大的风险。

4.5 机制风险

机制风险主要体现在：

第一，企业并购人才缺乏，并购重组的规模和质量受到严重制约。

第二，部分政府依行政手段对企业并购所采取的大包大揽方式，给企业带来一定风险。

第三，被并购方人员安置因体制政策要求耗费资力，也会给并购方背上沉重的包袱。

10 Chapter

创业顶层必备常识：企业改制与企业上市

再小的个体，也有自己的品牌。

——微信

上市是法人治理的成年礼。步入成熟期的法人，思考“如何通过改制实现上市”之前，常遇到思想挣扎的拦路虎：

要不要上市？要。没有梦想，跟咸鱼有什么分别？相信自己，能走向上市。

为什么上市？为了节税，降低经营成本，提升经营效益。

归根结底：实现法人资本化、治理市场化、评价公开化、竞争资本化。

创业荆棘，如何治愈创始人因无知种下的早期草莽？停下来，以上市为新起点，徐徐图之，浑然度过此刻。历经初创期、成长期，企业供给的产品/服务日趋稳定，亟须转型、向公众展示一个行业的某种持久、稳定盈利的商业模式，注意力的争夺骤变：

投资关注什么？实际控制权/实际控制人>行业、赛道、可持续性>商业模式。

启动上市有哪些必备指标？财务指标达标+具有科创属性+未来业绩可估量+行业周期较长+产业政策友好。

凭栏问，究竟何去何从？上市路，是时候开启征途。

前言

创业第十站·征途

上市是创业的终点，上市是创业的起点
千辛万苦，千山万水，九九八十一难后
创业者登上舞台，镁光灯下暗流涌动

上市是被捆绑之始，还是走向光明之巅？
追问之下，创业者蜕变为企业家
叩问路上，创业精神孵化商业实战
路漫漫其修远兮，上市之后
企业与企业家奔赴上下求索新征途

这一篇实用指南，帮你找准企业上市合伙人

本章关注：如何稳扎稳打，实现改制上市

1.1

如何快速判断企业能否成功上市

择时：定决心定时机，没有最好只有刚好；没过生存期启动上市，会拖垮企业。

1. 标准动作

- 历史清白：历史沿革清晰，财务真实、规范、稳健、合规，披露完整、明确。
- 业绩持续：能赚钱、细分行业发展前景明朗，盈利模式明确。
- 估值合理：业绩支撑腰杆硬，枝繁叶茂，养分充足，果实饱满。
- 团队决心：想上市，执行力强，企业文化稳定，企业有纠错机制与意识。
- 企业家精神：创始人容人、持续成长、认知与远见卓识，有魄力挥刀自宫。

敲黑板：合规性、持续性、营收连续计算、税收优惠合法。

2. 估值的关键

回归产业、回归变现，“PPT 估值”要避免。本质是，企业拿到什么结果、能不能赚钱、是否合规赚钱、赚钱效率如何、能赚多久钱？

例如，同样是制造手机，小米手机的商业模式是建立生态，“压榨”制造环节，获取可接受、有性价比的产品；苹果手机与供应链共存、共荣，通过品牌策略持续获取客户；华为手机是原材料获取的“压榨”，为技术定高价、舍得给研发人员分钱；vivo 手机则整合供应链优势，“压榨”销售环节，用零售思维打开市场。因此，对什么估值，值多少钱，归根结底看商业模式。图 10-1 是抽象的企业估值树。

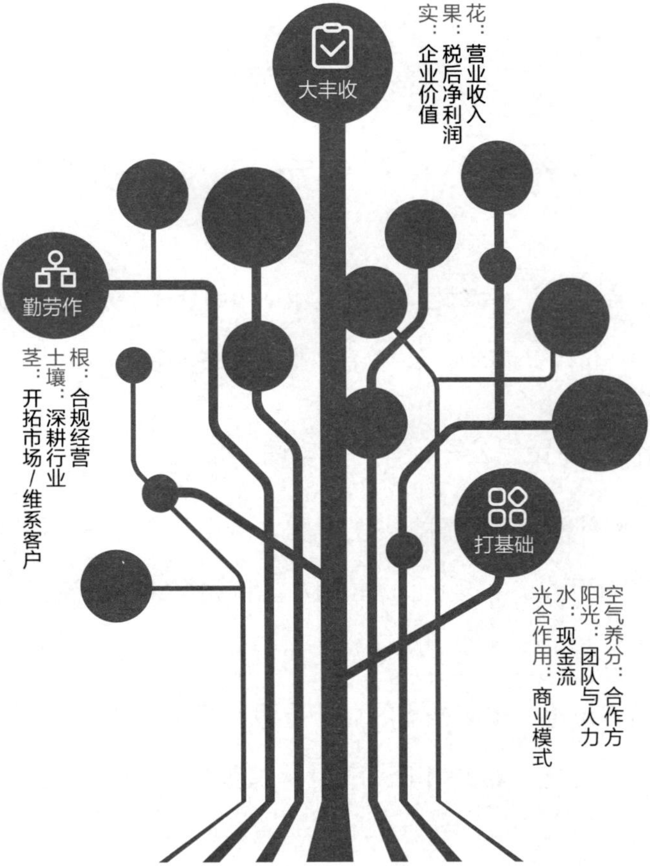

图 10-1　企业估值树

（避坑妙招 21：估值过高，摔得越惨）

3. 4 个认知误区

（1）公司刚成立满了三年，但第一年没啥业务，能上市吗？

合法设立、存续已满 3 年，第一年如没有业务或业务少，能出一份经审计的报表，符合申报上市的条件。

（2）贸易公司，有可能申请上市吗？

纯粹的贸易公司，业务过程未凝结剩余价值，提供的生产力不够，申报上市比较困难。例如，2020 年前后，外贸型跨境电商企业有过短暂的上市繁荣，但疫情反复、行业遭遇困难，频繁暴露的业绩造假、营业流水混乱，让这个垂直领域在 2021 年回归理性。总体而言，贸易型公司上市难。

（3）行业内的大佬都上市，不上市是不是就不好？

是的，一个行业前几名都不上市，尚能共存，上了可能影响规模和市场占有率；如果都上市而一家不上市，可能被资本蚕食，流血上市便由来于此（如“三通一达”）。

（4）怎样才能下定决心，准备上市?

辩证对待舍与得，发展到一定阶段上市是必然与不得不，合规的成本小于规模经营的风险；让市场辅导企业，能帮老板打破局限与个人能力的天花板，避免系统性风险。

（5）老板如何避免成为上市失败的关键?

持续学习，放下老板思维，消除经营惯性，做公司的全面“体检”，下决心拥抱规范运作。

1.2

改制上市的关键节点、流程与时间周期表

关键节点：改为股份制，让公众投资人进得来，由少数人合伙转为与公众合伙。

图 10-2 为股份制改制流程（以国内上市为例）：

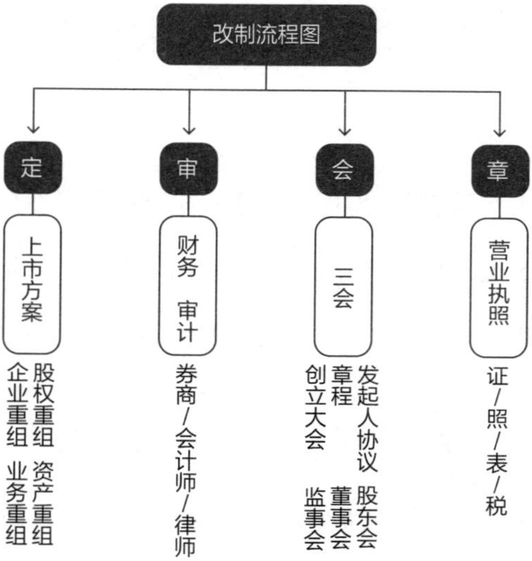

图 10-2 企业股份制改制流程 · 国内市场

（避坑妙招 22：上市准备及早做，少走弯路少踩坑）

关键节点：改变行为模式，适应公众审美，由企业家的企业转为公众的企业。

图 10-3 为上市全流程（以国内上市为例）：

图 10–3　企业上市流程 · 国内市场
（避坑妙招 23：上市之路，艰难险阻，玉汝于成）

关键节点：被权力机构评价，适应国家发展需求，由企业转为负有社会责任的企业。

图 10-4 为证监会审核全流程（以国内上市为例）：

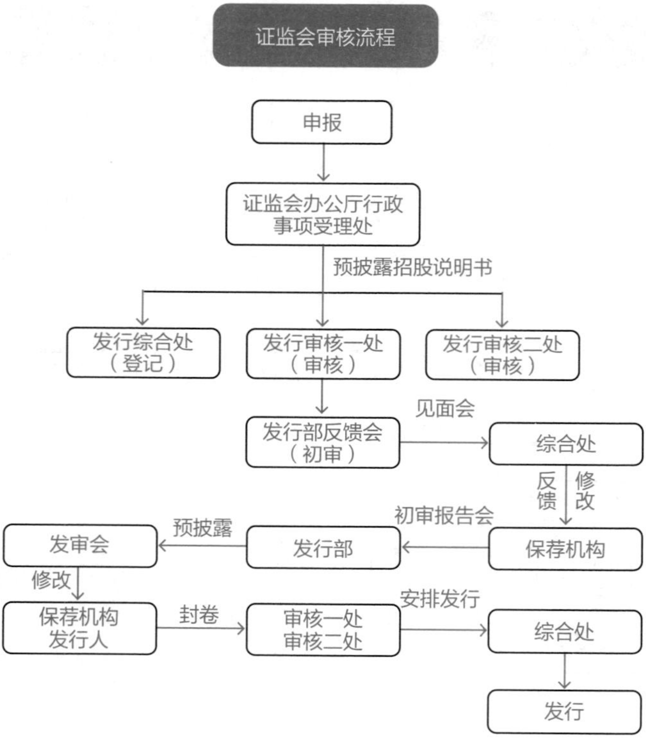

图 10-4　证监会审核流程 · 国内市场

（避坑妙招 24：知己知彼，顺利发行）

关键节点：自上而下结合自下而上，纵观全局看上市；耗时 10~20 个月，破茧成蝶，由“泥腿子”转为“排头兵”（基本面不同，企业的上市周期不同）

图 10-5 为企业改制与企业上市时间总表（以国内上市为例）

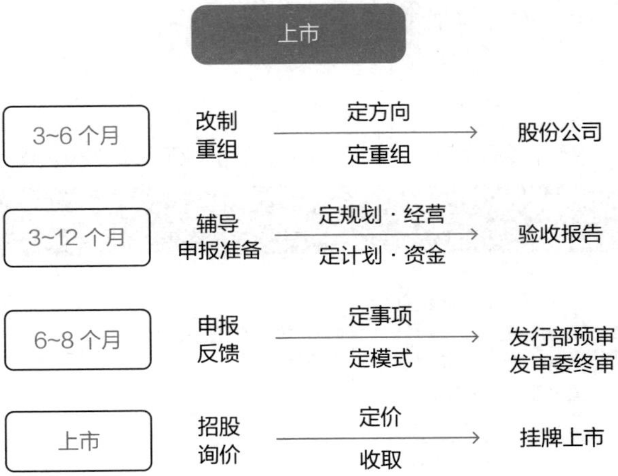

图 10-5　上市时间表 · 国内市场

（避坑妙招 25：搞清周期，备足粮草）

1.3

上市各流程的具体执行有哪些注意事项

人生没有白走的路，每一步都算数。法人上市之路也是如此，步步惊心。

各司其职：企业改制后更名为发行人，券商是总导演，会计师与律师是执行导演，发行人既是制片人，也是主角，证监会负责批准发行，投资人是观众。

表 10-1 为上市十步走。

表 10–1　上市十步走 · 国内市场

（避坑妙招 26：上市没有白走的路，每一步都算数）

序号	阶段	核心问题	角色	具体事项 1	具体事项 2
1	启动	要不要上市、怎么上市、哪里上市	白雪公主·素人 小荷才露尖尖角	聘机构、建班子、做尽调	并行重组
2	辅导	谁编剧、谁出演、谁沟通、谁执行	导演组 运筹帷幄	辅导报告备案、法规讲解、考试、验收 / 现场核查	战略与发展：融资使用计划：短期 / 中期 / 长期战略、发展计划、可行性研究、发改委备案 / 环评、董股审批
3	申报	剧本与场控	编剧 乾坤挪移 手把手教学	券商：招股说明书、保荐书、保荐工作报告 会计师：审计报告、内控报告、纳税鉴证、报表差异说明 律师：工作报告、法律意见书 发行人：反复打磨募资计划、经营计划	发行人 / 公司：募资运用、董事会【发行具体方案、资金使用可行性、提请股东大会批准】/ 股东大会决议【发行种类、数量、对象、价格与定价方式、用途、发行前滚存利润分配方案、决议有效期、授权董事会办理发行事宜】、无违规函、各文件原件股东承诺

续表

序号	阶段	核心问题	角色	具体事项 1	具体事项 2
4	初审与反馈	有没有资格上市、有哪些不足与缺失	监管层穿透帮观众把关	提交材料、预审员审核、证监会内部反馈会议、出具反馈意见	1个月内回复反馈意见；预披露（公示）
5	预审会与发审会	我是谁、我来自哪里、我将去何处	创始人自述白雪公主·觉醒	证监会内部初审会议、确定提交发审委关注问题、提交上发审会文件	发审会QA准备、培训，上发审会（上会陈述人·45分钟）
6	封卷与批文	能不能上市、盖棺定论	监管层俯视盖棺定论	提交发审会意见的反馈、提交封卷稿，签字盖章	批文，提交发审会后拿到批文当日的会后事项说明，领取批文
7	路演与定价	市场认不认可、买不买单、买多少卖多少	广撒网帮观众把关	刊登招股书、发行公告，向询价机构开展现场路演	询价机构提交报价单、券商簿记认购、发行人与券商根据认购单定价

续表

序号	阶段	核心问题	角色	具体事项 1	具体事项 2
8	发行与上市	市场价	卖方与买方博弈定价	网下发行，询价对象网下认购、交定金 / 认购；网上发行，公布定价，申购、认购、股份确认和登记，验资、资金划拨	挂牌上市，刊登上市公告书、上市仪式、交易
9	持续督导	上市后能否持续规范、能否持续盈利	白雪公主·新颜爬行	三会一层规范治理，定期年报季报、临时报告、及时披露	募集资金使用实时报告及监管，落实上市承诺
10	市值管理	有没有能力替公众按市场规则打理公司	白雪公主·蜕变独立行走	大股东市值管理·券商 / 投资机构提供持续的二级市场分析、确定出售或买入公司股份的时机、寻找出售对象·提高卖价 / 股价维护 / 大额交易、委托理财	高管股份的市值管理，持续的二级市场股价分析与关注、委托理财

1.4 如何组建上市团队

一个人走得快，一群人走得远，上市之路将是一群人的狂欢或一群人的失败。

- 选择外部团队，实际是选择合伙人，找到志同道合、心灵相惜的上市合伙人，不道听途说、不一叶障目，让机构早进场、提前降低后期成本。

- 组建内部团队，实际是定决心开始筹划，打铁还需自身硬，此时创始团队与管理层应该在业绩持续发展、如何加固护城河上来回逡巡、反复审视。

- 上市是老板蜕变的过程，变脸变身成不成，得看老板是否有恒心。

表 10-2 展示了上市团队的角色和职能。

表 10-2　上市团队 · 国内市场

（避坑妙招 27：一个萝卜一个坑，专业人做专业事）

序号	类别	角色	地位	职责	输出成果 · 文	输出成果 · 武
1	外部	保荐机构 / 券商赋能而非负能	总导演 老板听得进、容得下指导员	上市大总管、重组财务顾问、辅 / 主承销商、持续督导机构 优秀的券商能将问题解决到申报之前一秒回复、做到预案形成文字化 只有一次买卖，一报材料就要报底稿	方案、进度、执行、改制和设置股本 / 发行方案、规划资金使用、保荐报告、招股说明书	与证监会 / 交易所沟通、路演 / 询价 / 定价 / 发行 / 上市保荐、上市后持续督导 3~4 年
2	外部	会计师审计机构	副导演 谨慎专业对数据负责账房先生	协助梳理企业会计规范，同一会计标准，实施正确核算与税收优惠 审计报告 / 年度、改制、申报、补充，财税规划 / 培训，规范管理建议，内控建制与完善	会计报告： 1. 报告可出，非标无保留意见，出了不一定能拿来申报 2. 可审可申报，不可反馈回复 3. 可审可报，反馈可答复	/
3	外部	律师合规机构	副导演 专业纠偏合规经营股权设计师、风控专家	协助梳理企业的风险控制与合规、梳理公司产权、设计顶层架构 / 股权激励 / 股权融资等	法律规范、申报文件的法律意见书、三会议案、资产权属 / 合法性专项法律意见	/

续表

序号	类别	角色	地位	职责	输出成果·文	输出成果·武
4	内部	财务总监CFO牵线搭桥起承转合	内部大统领影响老板做决策二把手	核算体系、财务分析、架构安排、融资计划（财总董秘，一肩双挑）	对企业内部经营数据负责	/
5	内部	董事会秘书证券事务代表	发言人/代言人 信息披露负责人 影响和引导老板	与证监会、投资者、内部股东/董事/监事/独董沟通，准备三会相关文件； 按证券法律披露企业信息 警觉性，业务知识体系和实操层面，信息敏感度和理解度	符合披露规范的文件	对外信息披露、与监管机构沟通、突发事件处理与危机公关

1.5

如何选择上市板块

上市板块难不难选？也难，怎么选都有代价，合规成本、保荐成本，每样都少不了；也不难，曾经违规的每一步，造就如今的博弈与计算，要么花代价改良要么亡羊补牢。上市板块的选择可参考表10-3。

表10-3 上市板块比较·国内市场

（避坑妙招28：对号入座，相得益彰）

序号	企业类型	所属市场	板块	交易所名称	特点	法律规定
1	稳定、成熟、行业领先的支柱型企业	交易所市场	主板（2021年合并中小板）	上海证券交易所 深圳证券交易所	指股本和市值较大的在所属行业内占有重要支配性地位、业绩优良、成交活跃、红利优厚	股份公司、连续经营三年以上、主营业务最近三年内没有发生重大变化、董事\高级管理人员\实际控制人最近三年内没有发生重大变化 净利润最近三个会计年度净利润为正，累计净利润超过3000万元、收入最近三个会计年度经营活动产生的现金净流量超过5000万元、最近三个会计年度累计营业收入超过3亿元人民币的、股本总额发行前股本总额不低于3000万元、期末无形资产（扣除土地使用权、养殖权、矿业权等）占净资产的比例不高于20%、其他：最近期末无未清偿损失
2	成长型创新型创业企业有示范效益的红筹企业	交易所市场	创业（2020注册制）	深圳证券交易所	新技术、新产业、新业态、新模式，或与传统产业深度融合	最近两年净利润均为正，且累计净利润不低于人民币5000万元、预计市值不低于人民币10亿元或最近一年净利润为正且营业收入不低于人民币1亿元、预计市值不低于人民币50亿元，且最近一年营业收入不低于人民币3亿元

续表

序号	企业类型	所属市场	板块	交易所名称	特点	法律规定
3	科技创新企业	交易所市场	科创板	上海证券交易所	科技创新、高效研发、市场认可、有效转化	5 套标准 预计市值不低于人民币 10 亿元，最近两年净利润均为正且累计净利润不低于人民币 5000 万元或预计市值不低于人民币 10 亿元，最近一年净利润为正且营业收入不低于人民币 1 亿元或预计市值不低于人民币 15 亿元，最近一年营业收入不低于人民币 2 亿元，且最近三年累计研发投入占最近三年累计营业收入的比例不低于 15% 预计市值不低于人民币 20 亿元，最近一年营业收入不低于人民币 3 亿元，且最近三年经营活动产生的现金流量净额累计不低于人民币 1 亿元或预计市值不低于人民币 30 亿元，且最近一年营业收入不低于人民币 3 亿元或预计市值不低于人民币 40 亿元，主要业务或产品需经国家有关部门批准，市场空间大，目前已取得阶段性成果

续表

序号	企业类型	所属市场	板块	交易所名称	特点	法律规定
4	专·精·特·新中小企业	交易所市场	北交所	北京证券交易所/原新三板精选层	总体市值不大、细分领域/垂直行业的隐形冠军或配套专家	市值不低于2亿元、最近两年净利润均不低于1500万元且加权平均净资产收益率平均不低于10%，或者最近一年净利润不低于2500万元且加权平均净资产收益率不低于10% 挂牌一年可从北交所转板创业板： 公司及其控股股东、实际控制人不存在最近三年未受处罚、股本总额不低于3000万元、股东人数不少于1000人、社会公众持有的公司股份达到公司股份总数的25%以上、公司股本总额超过4亿元的，社会公众持股的比例达到10%以上、公告日前六十个交易日累计成交量不低于1000万股、其他

续表

序号	企业类型	所属市场	板块	交易所名称	特点	法律规定
5	创新层、基础层	场外市场	全国股份转让系统	全国性场外市场	两步走：先挂基础层：近两年营业收入累计1000万，合规经营；达标进创新层，年1000万+净利润、净资产收益率不低于8% 一步走：年1000万。以上净利润，净资产收益率不低于8%，定向融资1000万以上，股东50人以上	转板：连续挂牌创新层满12个月，升级到北交所
6	中小微企业	场外市场	地方股权交易中心	区域性场外市场	不同地区政策不同（深圳前海/浙江省/上海股权托管）	不同地区政策不同

● 选择不绝对：选择板块偶然当中有必然，上市进程能穿透企业努力的每一步。

● 上市不绝对：早就是优势，既适用于板块，也适用于上市企业，两个交易所对上市资源有竞争，企业的板块权衡包含交易所服务特征、市值特点、业务属性、行业属性。一般来说板块的成熟度排序为：主板 > 中小板 > 创业板 > 科创板 > 场外市场。

● 股本设置：股本是按 PE 还是营收设置？发行 25% 还是不低于 10%？（股本 36000 万元）——既考虑眼前融资规模，又要结合长期再融资配合。

● 面子还是里子：创业板 VS 科创板，上哪个更有面子，哪个估值更高？科创板，要求企业有核心技术，资本加持后，借力高科技手段实现发展资本化。业内一般认为，科创板交易所的管理能力、团队稳定性、业务可持续性比主板与创业板要弱一些，现阶段把关较为严格。在能选择的情况下，更建议创业板或主板。价格波动性也会看科创属性，科创板要真科技。如果选择创业板，摔的更少、价格掉得更低一点；总体质量一般的企业，不如去创业板。

1.6

如何开展上市辅导

内涵：降本增效的上市捷径，有人帮扶，少踩坑，提升上市成功的通过率。

目的：满足发行审核标准，符合上市的法律和规范性要求。

谁做：外部团队、内部团队、老板、管理层、股东 / 董事，监管机构等。

表 10-4 为上市辅导的有关内容。

表 10-4　上市辅导 · 国内市场
（避坑妙招 29：无辅导不达标，边辅导边调整）

序号	辅导事项	谁来辅导 / 阶段	具体事项
1	独立性	保荐机构与律师团队 辅导的全过程	自主经营能担当、资产完整有权属、资产范围划得清 业务独立立得住、研产供销体系全 财务独立分得清、独立核算 / 独立纳税 / 独立银行账户 人员独立分工明、杜绝一套班子两块牌子、防止不明兼职 机构独立腰杆硬、无合署办公无共设部门

续表

序号	辅导事项	谁来辅导 / 阶段	具体事项
2	历史遗留法律问题	保荐机构与律师团队 股份制改制的全过程 并购重组的全过程	发行人设立的程序、主体资格、条件、出资、批准等是否合规 改制重组合同 / 是否存在潜在纠纷 / 是否存有股权设置和转让、增资扩股、资产评估、资本验证、产权关系 是否合规设立验资、评估程序 / 产权变更登记手续 商标专利土地房屋等资产的法律权属是否明确
3	合法经营	保荐机构与律师团队 上市的全过程	是否符合上市公司决策 / 监督机制的治理架构 股份公司的章程 / 三会议事规则是否符合证券法律法规及监管机构的现实要求 担保行为审慎对待和严格控制、是否经股东大会审议通过 资金往来与占用是否慎重处理 是否存在有偿拆借资金给股东，或通过关联方、银行委托贷款等操作 是否完成股利分配 是否避免和消除同业竞争
4	同业竞争	保荐机构与律师团队 上市的全过程	是否明确界定同业竞争 不属于实质性同业竞争的特定情形，公司能否做出解释 同业竞争的规范是否清晰、知悉且专门披露 律师核查同业竞争、发表意见、调研未来潜在的同业情况

续表

序号	辅导事项	谁来辅导 / 阶段	具体事项
5	关联交易	保荐机构与会计师团队 上市的全过程	规范已有关联交易并尽量减少，设计制度、干预定价 / 执行、积极披露 统一稳健的会计政策，遵循谨慎性与一致性原则，规范公司的收入 / 成本 / 费用相关制度统一标准；重点事项清晰列明，如资产减值准备 / 固定资产折旧 / 广告研发利息等费用的确认与摊销、收入确认 / 非经常性损益确认
6	财务规范	保荐机构与会计师团队 上市的全过程	有无信息失真 有无重大财务风险 审计机构是否表示无法出具标准审计报告 / 核算基础工作差 或有风险是否影响持续经营 是否存在体外收付款、小金库、账外账、资产不入表等
7	税务规范	保荐机构与律师团队、会计师团队 上市的全过程	是否符合证监会认可的税收优惠政策 是否存在过渡期 / 外商投资减免 / 进口设备退税规模和处理 补贴收入是否真实、占利润比例是否恰当 增值税免抵退政策是否具有可持续性、对毛利率影响如何 内外两套账并账是否规范处理、补缴提前报告期
8	任职资格	保荐机构与律师团队 上市的全过程	股董监高是否有资格、是否知悉兼职要求、是否存在不得担任的情形 任职的聘任程序、任期、数量是否合法，符合管理层独立性和稳定性 独立董事、董秘的法律地位和法定职责是否明确、是否规范履职
9	其他	监事会、独立董事 上市后的内部治理	是否履行监督职责，是否真实履职，是否为公司经营违规、违法、犯罪事项提供帮助，如“康美药业案”

1.7

提升估值必备之规范产权、实现控制

产权清晰是上市的前提，产权不明可能会拖垮上市各方，也可能会大费周章而结果却为他人做嫁衣。

产权并非越多越好，赚钱不值钱的业务、灰色产业业务、风险集中的业务，应尽早剥离。

非经营性资产剥离：国有企业对承担社会职能的非经营性资产剥离、民营企业出售与分立与主营业务无关的资产，都需要明确所有权、未来安置办法、防止剥而不离。

表 10-5 为上市中的产权与控制的相关内容。

表 10-5　上市中的产权与控制 · 国内市场

（避坑妙招 30：无产权无控制，有产权有话语权）

序号	产权类型	控制要点	控制方法
1	主体控制	发起人为谁控制、是否可控制、是否存在协议控制 / 同股不同权等特殊情形、发起人投资控制主体是否稳定 / 可控 / 投资时点是否适宜	发起人控股、业务协同、财务控制 公司开业、持续经营三年、主营业务、经营管理层 / 股东结构稳定
2	股权控制	股权结构是否明确 / 排除禁止作为发起人股东、出资是否规范 / 足额出资到位	出资规范：允许：货币、实物、知识产权、土地使用权等可用货币估价 + 可依法转让的非货币财产出资；禁止：劳务、信用、自然人姓名、特许经营权或设定担保的财产出资 股权稳定：关注上市后的稳定性与流动性，实质判断控制权及控股数量
3	知识产权	商标使用权、专利、其他工业产权及非专利技术等是否归属发行人或取得较长年限授权、如何处理	非自有产权由股东无偿或低价转让，或授予较长期限使用权限
4	土地使用权（其他集体产权参照处理）	出让取得按招拍挂流程 转让取得按二手地交易流程 租赁取得按集体用地流程	确定权属、明确出资流程与程序

1.8 提升估值必备之并购与重组

目的：符合上市需求和资本市场认可，拓展存量业务、埋下发展种子、持续提升估值（一般都需重组，这是股票发行定价的关键，也是长期市值管理的基础）。

目标：主营业务突出（以国内主板为例，无同业竞争且关联交易不超 30%），持续与稳定的盈利能力、产业链与资产完整 / 主体与人员独立、财务规范、全面合规。

重点：主体重组、股权重组、业务重组、资产重组，详见本书第九章。

1.9 上市之反思

1. 规矩是死的，企业是活的，面对上市，每一个企业都有机会，不必轻言放弃。

2. 你如何看待上市，上市如何对待你，以企业经营的长期主义真诚的布局，不会错。

3. 技术进步快，代差变化大，创新的内核不会变，不需道听途说、矫枉过正。

4. 客观理性的应对估值，会有意想不到的回馈，时刻谨记，徐徐图之。

5. 以花样滑冰比喻经营企业，上市只是一个 360° 侧空翻的高难度动作，即便没有上市也是好企业、也不会让企业经营陷入困境，稳步往前就好。

6. 与其为老干妈发愁为何不上市，不如思考产品型企业上市为资本引流的可行性；与其为华为不上市叫好，不如思考你的创业修炼，打通几层经脉。